COMO CONOCER A DIOS
Los Aforismos de Yoga de Patanjali

COMO CONOCER A DIOS

Los Aforismos de Yoga de Patanjali

Traducido del sánscrito y explicado por
Swami Prabhavananda y Christopher Isherwood

Sarada Ma Publishing

© 2007 by Sarada Ma Publishing

TODOS LOS DERECHOS RESERVADOS

Como Conocer a Dios: Los Aforismos de Yoga de Patanjali

ISBN 978-0-9791376-4-8
Registration Number: TX 6-909-607

Edición 2007.
Del título original en inglés: *How to know God: The Yoga Aphorism of Patanjali*. Traducido del sánscrito y explicado por Swami Prabhavananda y Christopher Isherwood.

Traducción española: gentileza del Ramakrishna Ashrama de Argentina.

Impreso en USA

****

Si usted desea aprender más sobre las enseñanzas contenidas en este libro, por favor escriba a **libros@vedanta.org**

También visite nuestros sitios en Internet:
Para adquirir títulos en español: **www.saradamapublishing.org**
Para obtener mayor información sobre vedanta: **www.vedanta.org**

****

Publicado por: **Sarada Ma Publishing**
Vedanta Society of Southern California
1946 Vedanta Place
Hollywood, CA 90068
USA

ÍNDICE

Prefacio..7

I. YOGA Y SUS METAS..................11

II. YOGA Y SUS PRÁCTICAS............ 75

III. PODERES..............................136

IV. LIBERACIÓN..........................159

*E*s con gran satisfacción que presentamos *Como Conocer a Dios*, invalorable texto que nos enfrenta con el gran secreto de la existencia.

Nuestro más sincero agradecimiento es para el Ramakrishna Ashrama de Argentina, que tan amablemente nos cedió la traducción primaria, permitiéndonos modificarla y publicarla.

Expresamos nuestra admiración a Rebeca McNight por la hermosa traducción del poema de Shakespeare.

Sólo resta dar las gracias a todos aquellos que nos alentaron y dieron inspiración a lo largo del trayecto que nos ha llevado hasta usted.

Yanina Olmos (Sister Jayanti)
Editor
Sarada Ma Publishing
Hollywood, 15 de Septiembre de 2007

PREFACIO

LOS YOGA SUTRAS (aforismos) de Patanjali[1], no constituyen la exposición original de una filosofía; es un trabajo de compilación y reformulación. En los Upanishads, Katha, Swetaswatara, Taittriya, Maitrayani, que datan de muchos siglos antes, se encuentran referencias a las prácticas de yoga, disciplinas espirituales y técnicas de meditación que capacitan al hombre para lograr el conocimiento unitario de la Divinidad. En realidad, puede decirse que la doctrina de yoga ha sido transmitida de generación en generación desde tiempos prehistóricos.

Lo que Patanjali hizo fue re-exponer la filosofía y la práctica de yoga para el hombre de su propio tiempo. Pero, ¿cuál fue su tiempo y quién fue Patanjali? Sobre él se conoce muy poco; algunas autoridades creen que hubo dos Patanjalis, el gramático y el autor de los Sutras. Otros niegan esto. En cuanto a la fecha de origen de los Sutras, las conjeturas de los eruditos van desde el siglo IV a.C. hasta el siglo IV de nuestra era.

La traducción más sencilla de *sutra* es 'hilo'. Un sutra es, por así decirlo, el hilo liso y llano de una exposición reducida a la mínima expresión donde todavía es posible mantenerla unida, pero desprovista de cualquier 'abalorio' de elaboración. Las palabras utilizadas han sido las rigurosamente esenciales y a menudo la oración carece de una estructura acabada.

Hay una buena razón que justifica el uso de este método. Los sutras fueron compuestos en un tiempo en el cual no existían libros. Toda obra debía ser memorizada y en consecuencia tenía que ser expresada en la forma más concisa posible. Los

---

[1] Patanjali: pronúnciese Patányali, levemente acentuada la segunda vocal "a" y pronunciando la "j" como la "ye" de la palabra española "yema".

Sutras de Patanjali, como todos los otros, llevaban implícita la idea de que debían ser desarrollados y explicados. Los antiguos maestros repetían un aforismo de memoria y luego procedían a ampliarlo mediante sus propios comentarios, para beneficio de sus discípulos. En algunos casos, estos comentarios memorizados fueron transcritos en épocas posteriores y así preservados han llegado a nosotros.

En esta traducción, no sólo hemos elaborado un comentario sino también explayado y parafraseado el aforismo mismo de manera que cada uno de ellos se vuelva una declaración comprensible. Otros traductores no se han sentido inclinados a tomarse esta libertad y, en consecuencia, han ofrecido una versión casi literal del texto que resulta oscura como las notas de clase de un catedrático; se vuelve imposible comprenderla sin antes estudiar minuciosamente el comentario.

Es nuestra opinión que esta clase de traducción literal produce un efecto psicológico negativo en el lector, quien sintiéndose a primera vista incapaz de comprender los aforismos mismos, lo más probable es que llegue a la conclusión de que el tema, en su totalidad, es demasiado complejo para él. Bastantes dificultades existen ya en el estudio de la filosofía yoga; nuestro propósito ha sido no aumentarlas innecesariamente.

El comentario es prácticamente nuestro: sin embargo, para su formulación hemos tenido en cuenta las explicaciones de dos antiguos comentaristas: Bhoja y Vyasa. Además hemos citado frecuentemente los comentarios iluminados y profundamente intuitivos de Swami Vivekananda. Estos fueron espontáneamente expresados durante las clases sobre Patanjali que el Swami dictó en Estados Unidos hace más de cincuenta años[2]. Sus palabras fueron anotadas por sus estudiantes y han sido incluidas en el

[2] Este libro fue publicado por primera vez en 1952. (N. Ed.)

libro *Raya Yoga*.

Dado que la filosofía yoga anterior a Patanjali, estuvo originalmente basada en la filosofía vedanta, nosotros interpretamos los aforismos, en su totalidad, desde la perspectiva de vedanta. En este sentido nos diferenciamos de Patanjali mismo, quien fue un seguidor de la filosofía Samkhya. Las diferencias son meramente técnicas y es preferible no insistir demasiado en ellas para no confundir al lector, están bien explicadas en puntos específicos de los comentarios.

Nuestra intención primordial ha sido presentar este libro como una ayuda práctica para la vida espiritual; que pueda ser útil para los seguidores de Dios, sean hindúes, cristianos o de cualquier otra religión. Por lo tanto, hemos evitado ahondar demasiado en los aspectos metafísicos y ocultos. El estudio de éstos puede atraer y fascinar a cierto tipo de mente, pero en última instancia resulta estéril y hasta peligroso cuando es llevado a extremos.

Mientras trabajábamos en el libro, se nos sugirió introducir en él una comparación entre yoga y la moderna psicología Occidental. Esta comparación ya ha sido ensayada por distintos escritores demostrando interesantes semejanzas; sin embargo, desde nuestro punto de vista, tal comparación en sí no resulta favorable ni válida. La psicología yoga es un producto terminado, mientras que la psicología Occidental se halla todavía en vías de desarrollo en diversas líneas divergentes; produciendo constantemente nuevas teorías y descartando otras. Si alguien pretendiera afirmar: 'La psicología Occidental sostiene tal punto de vista...' correría el riesgo de ser acusado de falta de precisión.

No obstante podemos hacer una declaración certera. La mayoría de los psicoterapeutas Occidentales, hasta este momento, no reconocen la existencia del Atman, la Divinidad en el hombre, y por lo tanto no pueden ayudar a sus pacientes a lograr unión o perfecta yoga. Entre aquellos psicoterapeutas –en la actualidad bastante numerosos– que se interesan seriamente por yoga, hay quienes no vacilan en fijar su posición de la siguiente manera: "nosotros podemos ayudar a nuestros pacientes, hasta cierto punto, hasta un grado suficiente de ajuste en el nivel psico-físico. No estamos preparados para ir más allá de esto. Reconocemos la posibilidad de una integración espiritual más elevada, pero preferimos no incluirla en nuestra terapia porque creemos que las dos deben ser mantenidas separadamente. Si un paciente busca la integración espiritual, lo único que podemos hacer es derivarlo a un maestro de yoga o a un ministro religioso. Donde nosotros nos detenemos yoga comienza ".

Y todavía la situación se mantiene así.

Antes de concluir, debemos agradecer el permiso concedido para citar de las siguientes obras:

'¿Qué es la Vida?' de Erwin Schrodinger, publicado por la Cambridge University Press; *'El Sendero de un Peregrino'* y *'El Peregrino Continúa su Camino'*, traducidos por R.W. French y publicados por la Sociedad para la Promoción del Conocimiento Cristiano (Londres); el *Bhagavad Guita* traducido por los presentes autores y publicado por la New American Library y las siguientes obras publicadas por la Vedanta Press de Hollywood: *'La Joya Suprema del Discernimiento'* (Prabhavananda-Isherwood); *'El Eterno Compañero'* (Prabhavananda) y *'Los Upanishads'* (Prabhavananda-Manchester).

Los Autores

I
YOGA Y SUS METAS

1. Este es el comienzo de la instrucción sobre yoga.

Yoga, primordialmente significa 'unión'. Es el origen sánscrito de la palabra Inglesa '*yoke*'(yugo). De ahí que signifique un método de unión espiritual. El yoga es un método – cualquiera de muchos – mediante el cual un individuo puede llegar a unirse con la Divinidad: la Realidad que sustenta este universo aparente y transitorio. Alcanzar tal unión es lograr el perfecto estado de yoga. El Cristianismo lo define como 'unión mística', que expresa una idea similar.

Bhoja, uno de los clásicos comentaristas de estos aforismos, define el uso que hace Patanjali de la palabra yoga, como *"un esfuerzo para separar el Atman (la Realidad) de lo no-Atman (lo aparente)"*.

Quien practica yoga es un *yogui*.

2. Yoga es el control de las ondas de pensamientos en la mente.

Según Patanjali, la mente (*chitta*) está integrada por tres componentes: *manas*, *buddhi* y *ahamkar*. Manas es la facultad que recibe y registra las impresiones recogidas por los sentidos desde el mundo exterior. Buddhi es la facultad determinativa que clasifica esas impresiones y reacciona ante ellas. Ahamkar es el sentido del ego que reclama estas impresiones como de su propiedad y las almacena como conocimiento individual.

Por ejemplo, manas informa: "Un gran objeto animado se aproxima a toda velocidad". Buddhi decide: "Se trata de un toro enfurecido que quiere atacar a alguien". Ahamkar grita: "Es *a mí* a quien quiere atacar, Patanjali. Soy *yo* quien ve este toro; soy *yo* quien siente temor, soy *yo* quien está a punto de escapar corriendo". Poco después, desde las ramas de un árbol cercano, ahamkar puede agregar: "Ahora *yo* sé que este toro (que es distinto de *mi*) es peligroso; hay otros que no saben esto, es *mi* conocimiento el que *me* hará evitar este toro en el futuro".

Dios, la Realidad subyacente, es por definición, omnipresente. Si la realidad existe debe estar en todas partes; debe estar presente en el interior de todo ser consciente, de todo objeto inanimado también. Dios dentro de cada criatura, es conocido en sánscrito como el *Atman* o *Purusha*, el Ser real. Patanjali utiliza el término Purusha, que significa: 'la Divinidad que mora dentro del cuerpo'. Nosotros lo reemplazamos aquí por el término Atman, debido a que Atman es la palabra utilizada en los *Upanishads* y el *Bhagavad Guita* y probablemente los estudiantes estén más familiarizados con ella que con Purusha.

Según los *Upanishads* y el *Bhagavad Guita*, el único Atman está presente dentro de todas las criaturas. Patanjali, seguidor de la filosofía Samkhya, creía que cada criatura individual y cada objeto tenían su Purusha o Atman separado, aunque idéntico. Este punto de vista filosóficamente distinto, no tiene importancia práctica para el aspirante espiritual.

La filosofía yoga enseña que la mente no es inteligente y consciente por sí misma; su inteligencia es prestada, por así decirlo. El Atman es la inteligencia misma, es conciencia pura. La mente simplemente refleja esa conciencia y por lo tanto aparece como consciente.

El conocimiento, o percepción, es una ola de pensamiento en la mente (*vritti*). Por lo tanto, todo conocimiento es objetivo. Aún lo que los psicólogos occidentales llaman introspección o autoconocimiento, es conocimiento objetivo según Patanjali, dado que la mente no es quien ve, sino solamente un instrumento de conocimiento, un objeto de percepción como lo es el mundo exterior. El Atman, que es el verdadero vidente, permanece desconocido.

Toda percepción surge del sentido del ego que dice: "yo conozco esto". Pero el que habla así es el ego no el Atman o verdadero Ser. El sentido del ego es causado por la identificación del Atman con la mente, los sentidos, etc. Es como si un foco de luz eléctrica declarara: "yo soy la corriente eléctrica" y luego procediera a describir la electricidad como un objeto en forma de pera que contiene filamentos de alambre. Tal identificación es absurda; tan absurda como la pretensión del ego de ser el Ser real. Sin embargo, la corriente eléctrica está presente en la bombilla de luz y el Atman está en todas las cosas, en todas partes.

Cuando los sentidos registran un hecho o un objeto del mundo exterior, en la mente se levanta una ola de pensamiento. El sentido del ego se identifica con la ola. Si la misma es agradable, el ego siente: "yo soy feliz"; si es desagradable: "yo soy infeliz". Esta falsa identificación es la causa de todo nuestro sufrimiento, porque aún la efímera sensación de felicidad del ego trae ansiedad y el deseo de adherirse al objeto de placer, lo cual prepara futuras posibilidades de volvernos infelices.

El verdadero Ser, el Atman, permanece siempre fuera del poder de las olas de pensamiento, es eternamente puro, iluminado y libre, la única verdad, inmutable felicidad. Se deduce, por lo tanto, que el hombre nunca puede conocer su Ser real mientras continúe identificándose con las olas de pensamiento y el ego. Para volvernos iluminados debemos controlar las olas de pensamiento, de manera que esta falsa identificación pueda cesar. El Guita nos enseña que "Yoga es la interrupción del contacto con el dolor".

Para describir la acción de las olas de pensamiento, los comentaristas emplean una imagen muy sencilla, la imagen de un lago. Si la superficie del lago está rizada con olas, el agua se vuelve barrosa y resulta imposible ver el fondo, el Atman.

Cuando Patanjali habla sobre el 'control de las olas de pensamiento' no se refiere a un control momentáneo o superficial. Mucha gente cree que la práctica de yoga se limita a lograr que la mente quede en blanco, condición que si fuera realmente deseable, podría ser más fácilmente lograda pidiendo a un amigo que nos de un golpe de martillo en la cabeza. Ningún progreso espiritual se logra por medio de la auto-violencia. No se trata de controlar o frenar las olas de pensamiento triturando los órganos que las registran. Tenemos que hacer algo mucho más difícil: olvidar la falsa identificación de las olas de pensamiento con el sentido del ego. Este proceso de 'olvidar' involucra una completa transformación del carácter, como dijo San Pablo: "Una renovación de la mente".

¿Qué quiere significar la filosofía yoga por 'carácter'? Para explicar esto, uno puede ampliar la analogía del lago. Las olas no solamente perturban la superficie del agua sino que también, por su acción continuada, construyen bancos de arena o de guijarros en el fondo del lago. Estos bancos de arena, por su puesto, son mucho más sólidos y permanentes que las olas mismas. Pueden ser comparados con las tendencias, potencialidades y estados latentes que existen en las áreas subconsciente e inconsciente de la mente. En sánscrito se los llama *samskaras*.

Los samskaras son fabricados por la acción repetida de las olas de pensamiento y estos, a su vez, crean nuevas olas de pensamiento, el proceso actúa de ambas maneras. Expongamos la mente a constantes pensamientos de ira y resentimiento y hallaremos que estas olas de ira formarán samskaras de ira, los cuales nos harán encontrar ocasiones propicias para enojarnos durante toda nuestra vida. Un hombre que ha desarrollado samskaras de ira, es considerado como una persona de 'mal carácter'. En realidad, la suma total de nuestros samskaras, manifiesta, en un momento dado, nuestro carácter. Nunca olvidemos, sin embargo, que así como un banco de arena puede trasladarse y cambiar su forma si la marea o la corriente cambia, así también los samskaras pueden modificarse mediante la introducción de otras clases de olas de pensamiento en la mente.

A propósito del tema, vale la pena referirnos a una diferencia de interpretación que existe entre yoga y la ciencia occidental. No todos los samskaras son adquiridos durante el curso de una sola vida humana. Un niño nace con ciertas tendencias que ya se encuentran presentes en su naturaleza. La ciencia occidental se inclina a atribuir tales tendencias a la ley de la herencia. La psicología yoga explica que las mismas han sido adquiridas en previas encarnaciones como resultado de pensamientos y acciones ya olvidados.

En realidad, para fines prácticos no importa mucho determinar cuál de estas dos teorías es preferible. 'Herencia' desde el punto de vista de yoga, puede ser solamente otra manera de decir que el alma individual es conducida por samskaras ya existentes y de acuerdo a los cuales, busca renacer en un tipo determinado de familia; de padres cuyos samskaras son similares a los suyos propios, para así 'heredar' las tendencias que ya posee. El aspirante de yoga no malgasta su tiempo tratando de averiguar de dónde provienen sus samskaras o cuánto tiempo hace que los tiene; él acepta la plena responsabilidad por ellos y emprende la tarea de tratar de modificarlos.

Por su puesto, hay muchos tipos de mente que aún no se encuentran listos para las más elevadas prácticas de yoga. Si alguien con un físico débil e inepto trata de tomar clases de baile clásico, probablemente se hará un gran daño; en tal situación debería comenzar con unos pocos ejercicios preliminares. Hay mentes que podrían describirse como 'dispersas'; pues son intranquilas, apasionadas e incapaces de concentrarse. Hay mentes perezosas, inertes, desprovistas de pensamientos constructivos. Hay también mentes que si bien poseen cierto grado de energía, pueden morar solamente en lo que es agradable; ellas huyen de los aspectos desagradables de la vida. Pero toda mente, sea cual sea su naturaleza actual, puede en última instancia ser disciplinada y transformada; puede volverse, según palabras de Patanjali, 'firme en una sola dirección' y apta para lograr el estado de perfecto yoga.

3. Entonces el hombre mora en su real naturaleza.

Cuando el lago de la mente se vuelve claro y sereno, el hombre sabe lo que él realmente es, lo que siempre fue y siempre será. Sabe que él es el Atman. Su 'personalidad', su errónea creencia a considerarse como un individuo separado, único, desaparece. 'Patanjali es solamente una cobertura externa, como un traje o una máscara, que él puede utilizar o dejar de lado, como él elija. Tal persona es conocida como un alma libre, iluminada.

4. En otros momentos, cuando el hombre no está en el estado de yoga, permanece identificado con las olas de pensamiento en la mente.

5. Hay cinco clases de olas de pensamiento, algunas son dolorosas, otras no.

Una ola 'dolorosa', de acuerdo con Patanjali, no necesariamente es una ola que parece dolorosa cuando recién surge en la mente; sino una ola que trae consigo un creciente grado de ignorancia, vicio y ligadura. De igual manera, una ola que parece dolorosa en el primer momento, puede pertenecer a la categoría de aquellas que impulsan a la mente hacia la libertad y el conocimiento.

Por ejemplo, Patanjali describe una ola de pensamiento sensual como 'dolorosa', porque la lujuria, aun cuando plenamente satisfecha, causa hábito, celos y apego hacia la persona deseada. Una ola de compasión, por otra parte, sería descrita como 'no-dolorosa' porque la compasión es una emoción inegoísta que afloja los lazos de nuestro propio egoísmo. Podemos sufrir profundamente cuando vemos sufrir a otros, pero nuestra compasión nos dará comprensión y por lo tanto: libertad.

Esta distinción entre las dos clases de olas de pensamiento es muy importante cuando llegamos a la verdadera práctica de disciplina de yoga. Porque no todas las olas de pensamiento pueden ser controladas de inmediato. Primero tenemos que vencer las olas 'penosas' levantando olas que son 'no-dolorosas'. A nuestros pensamientos de ira, deseo e ilusión debemos oponerles pensamientos de amor, generosidad y verdad. Unicamente mucho más adelante, cuando las olas 'penosas' se aquieten completamente, podremos proseguir hacia la segunda etapa de disciplina, de calmar las olas 'no-dolorosas' que hemos creado deliberadamente.

La idea de que finalmente tenemos que vencer hasta las olas que son 'buenas,' 'puras' y 'verdaderas' puede, al comienzo, parecer chocante al estudiante que ha sido entrenado en el concepto Occidental de moralidad. Pero un poco de reflexión le demostrará que debe ser así. El mundo exterior, aún en sus apariencias más hermosas y en sus más nobles manifestaciones, es superficial y transitorio. No es la Realidad fundamental. Debemos ver 'a través' del mundo y no 'al mundo', para poder distinguir al Atman. Por supuesto, es mejor amar que odiar, compartir que acumular, decir la verdad que mentir. Sin embargo, las olas de pensamiento que motivan la práctica de estas virtudes son perturbaciones para la mente.

Todos nosotros conocemos ejemplos de hombres admirables, ansiosos por hacer el bien, que quedan tan profundamente envueltos en la atención de un gran movimiento de reforma o de un proyecto de socorro social, que no pueden pensar en nada que esté más allá de los problemas concernientes a sus trabajos cotidianos. Sus mentes no tienen paz. Están llenos de ansiedad e inquietud. La mente de un hombre iluminado es serena, no por que sea egoístamente indiferente ante las necesidades de otros, sino porque él conoce la paz del Atman dentro de todas las cosas, aun dentro de la apariencia del sufrimiento, enfermedad, rivalidad y necesidad.

6. Estas cinco clases de olas de pensamiento son: conocimiento correcto, conocimiento erróneo, ilusión verbal, sueño y memoria.

7. Las clases correctas de conocimiento son: percepción directa, inferencia y testimonio de las Escrituras.

Todo lo que nuestros sentidos perciben es correcto conocimiento, siempre que no haya algún elemento de engaño o error. Todo lo que inferimos por nuestra percepción directa es también correcto conocimiento, siempre que nuestro razonamiento sea correcto. Las Escrituras están basadas en el conocimiento supra-consciente obtenido por grandes maestros espirituales desde el estado de perfecto yoga. Por lo tanto, ellas también son conocimiento correcto. Las Escrituras representan una clase de percepción directa mucho más próxima que las percepciones de los sentidos. Además, las verdades que ellas enseñan pueden ser verificadas por todo aquel que alcance esta visión supraconsciente.

8. Conocimiento erróneo es el conocimiento falso que no está basado en la verdadera naturaleza de su objeto.

El ejemplo clásico de la literatura yoga es el de confundir una soga con una serpiente. En este caso, el conocimiento erróneo nos causará temor por la soga, el impulso de evitarla o de tratar de matarla.

9. Engaño verbal surge cuando las palabras no concuerdan con la realidad.

Una forma común de ilusión verbal es sacar una conclusión precipitadamente. Escuchamos a alguien hablar y nos formamos una apresurada e inexacta imagen de su intención. En los discursos políticos a menudo encontramos un doble engaño verbal: el orador cree que sus palabras corresponden a una realidad; la audiencia las vincula con otra y ambas son erróneas. Expresiones tales como "el espíritu de la democracia", "el modelo de vida Americano", etc., etc., proveen de ricas cosechas de engaño verbal a través de los medio de comunicación masiva.

10. El sueño es una ola de pensamiento acerca de la nada.

Es decir, que el sueño sin ensueños no es una ausencia de olas de pensamiento en la mente, sino una positiva experiencia de la nada. Por lo tanto, no puede ser confundida con el estado sin olas de yoga. Si no hubiera olas de pensamiento durante el sueño, no nos despertaríamos recordando que no supimos nada. S. Radhakrishnan en *Indian Philosophy* hace esta observación: "Un señor X, después de dormir profundamente, continua siendo el señor X. En virtud de que sus experiencias se unen con el sistema que existía en el momento en que entró en el sueño. Dichas experiencias se enlazan con sus propios pensamientos, no son traspasadas a los pensamientos de otra persona. Tal continuidad de la experiencia, es necesaria para que nosotros admitamos la existencia de un Ser subyacente a todo contenido de conciencia".

11. Existe memoria donde los objetos percibidos no son olvidados sino que vuelven a la conciencia.

La memoria es una clase de ola de pensamiento secundaria, de percepción directa que ocasiona una onda más pequeña o serie de ondas. La ola del pensamiento del sueño también causa pequeñas ondulaciones a las cuales nosotros llamamos sueños. Soñar es recordar durante el sueño.

12. Son controladas por medio de la práctica y el desapego.

13. Práctica significa el repetido esfuerzo para seguir con las disciplinas que otorgan permanente control sobre las olas mentales.

14. La práctica queda firmemente establecida cuando ha sido cultivada durante largo tiempo, ininterrumpidamente y con ferviente devoción.

15. Desapego significa autodominio; es librarse del deseo por lo que se ve u oye.

Es posible hacer fluir las olas mentales en dos direcciones: hacia el mundo objetivo (la voluntad de desear) o hacia el verdadero auto-conocimiento (voluntad por la liberación). Por lo tanto, la disciplina y el desapego son absolutamente necesarios. En realidad, es inútil y hasta peligroso intentar uno sin el otro. Si tratamos de practicar disciplinas espirituales sin tratar de controlar las olas mentales del deseo, nuestra mente se sentirá violentamente agitada y tal vez entre en un estado de permanente desequilibrio. Si lo único que intentamos es un rígido control negativo de las olas del deseo sin levantar olas de amor, compasión y devoción en oposición a ellas, entonces el resultado puede llegar a ser más trágico aún. Esta es la razón por la cual ciertos puritanos estrictos súbita y misteriosamente cometen suicidio. Ellos hacen un esfuerzo frío y riguroso por ser 'buenos'- es decir, no tener 'malos' pensamientos - y cuando fallan en su intento, como suele suceder a todos los seres humanos, ellos no pueden enfrentar esa humillación, la cual, en realidad no es otra cosa que orgullo herido y vacío interior. En las escrituras taoístas leemos: "El cielo arma con compasión a aquellos que no desea ver destruidos".

Describiremos en su momento las disciplinas espirituales que debemos practicar, entre las cuales la perseverancia es primordial. Ellas son conocidas como los ocho 'miembros' de yoga. Ningún fracaso temporario, por más humillante o deprimente que sea, debe ser considerado como una excusa para abandonar la lucha. Si estamos aprendiendo a esquiar, no nos sentimos avergonzados cuando nos caemos o vemos tendidos en el suelo en una posición ridícula. Nos levantamos y comenzamos nuevamente. No nos importa si la gente se ríe o se burla de nosotros. Si no somos hipócritas no nos importará la impresión que hacemos en los que nos están mirando. Jamás un fracaso es un fracaso cuando no nos detenemos en nuestros intentos, en realidad puede tratarse de una bendición enmascarada, una lección urgentemente necesaria.

No-apego es el ejercicio del discernimiento. Conseguimos gradualmente el control de las olas mentales 'dolorosas' o impuras, preguntándonos: "¿Por qué deseo aquel objeto? ¿Qué ventaja obtendré poseyéndolo? ¿En qué sentido su posesión me ayudará a ir hacia el conocimiento y la libertad?". Las respuestas a estos interrogantes son siempre desconcertantes. Nos muestran que el objeto deseado es, no solamente inútil como un medio para la liberación sino que es potencialmente dañino como un medio hacia la ignorancia y la ligadura y más aún, que nuestro deseo no es en absoluto un deseo por el objeto en sí, sino un deseo de desear algo, una mera intranquilidad de la mente.

Es bastante fácil razonar todo esto en un momento de calma. En cambio nuestro apego es puesto a prueba cuando la mente se siente súbitamente arrastrada por una gran ola de ira, lujuria o codicia. Entonces, solamente un esfuerzo determinado de la voluntad nos puede recordar lo que nuestra razón ya sabe: que esta ola y el objeto sensorio que la levantó y el ego que se identificó con la experiencia, son todos igualmente transitorios y superficiales, que ellos no son en absoluto la Realidad subyacente.

El no apego puede llegar muy lentamente; sin embargo, aún sus primeras etapas son recompensadas por un nuevo sentimiento de paz y libertad. Jamás debemos considerar al desapego como una austeridad, una tortura autoimpulsada o algo torvo y doloroso.

La práctica del no apego otorga valor y significado hasta a

los incidentes más comunes del día más oscuro. Elimina todo hastío de nuestras vidas. Y a medida que progresamos y logramos mayor dominio sobre nosotros mismos, veremos que no estamos renunciando a nada que realmente necesitemos o queremos; que lo único que estamos haciendo es liberarnos de deseos y necesidades imaginarias. En este espíritu, un alma crece en grandeza hasta que finalmente puede aceptar impasible los peores desastres de la vida.

Cristo dijo: "Porque mi yugo es fácil y mi carga liviana", queriendo significar que la vida común indiscriminada de apego es, en realidad, mucho más penosa, mucho más dura de sobrellevar que las disciplinas que nos harán libres. Encontramos difícil interpretar este dicho de Jesús porque nos han acostumbrado a pensar en la vida terrenal de Cristo como algo trágico; por cierto una gloriosa e inspiradora tragedia, pero que termina en una cruz. Más bien deberíamos preguntarnos: "¿Qué sería más fácil: ser crucificado con la iluminación y el desapego de un Cristo o sufrir la crucifixión en la ignorancia, agonía y ligadura de un pobre ladrón?". Y la cruz puede llegarnos a todos de cualquier manera, sea que estemos dispuestos y capacitados para aceptarla o no.

16. Uno alcanza la más elevada clase de desapego cuando, por medio del conocimiento del Atman, uno cesa de desear toda manifestación de la Naturaleza.

Desapego *no es* sinónimo de indiferencia, como se repite a menudo. Mucha gente rechaza las metas de la filosofía yoga considerándolas "inhumanas" y "egoístas", porque imaginan que yoga es huir de todo el mundo, fría y premeditadamente, con el único propósito de conseguir la propia salvación. La verdad es que es exactamente lo opuesto.

El amor humano es la emoción más elevada que conocemos. Nos libera hasta cierto grado del egoísmo en nuestro trato con uno o más individuos. Pero también el amor humano es posesivo y exclusivo. El amor por el Atman no es una cosa ni otra. Todos nosotros estamos listos para admitir que es mejor amar al prójimo "por lo que ellos realmente son" que simplemente por su belleza, inteligencia, fuerza, su sentido del humor o por otras cualidades, pero esto es sólo una frase vaga y relativa.

Lo que la gente 'realmente es', es Atman, nada menos que Atman. Amar el Atman en nosotros mismos es amarlo en todas partes. Y amar al Atman en todas partes es ir más allá de toda manifestación de la Naturaleza. Tal amor es demasiado vasto como para ser comprendido por las mentes comunes y aún así, es simplemente una infinita intensidad y expansión del pequeño amor limitado que todos experimentamos.

Amar a alguien, aún en el modo usual humano, es captar una breve y velada vislumbre de 'algo' dentro de esa persona que es inmenso, inspira reverencia y es eterno. En nuestra ignorancia pensamos que este 'algo' es único; él o ella, decimos, no es como los demás. Y esto es porque nuestra percepción de la realidad está nublada y obscurecida por las manifestaciones externas – el carácter y las cualidades individuales de la persona que amamos – y por la manera en que nuestro propio ego reacciona ante ellas. No obstante, este débil relámpago de percepción es una válida experiencia espiritual y debe animarnos para purificar nuestra mente y volverla apta para esa clase de amor infinitamente más grande, que siempre está esperándonos y que no es intranquilo ni transitorio, como nuestro amor humano, sino confiado, eterno y sereno. Está absolutamente libre de deseos porque el amante y el bienamado se han vuelto uno.

Dice el *Bhagavad Guita*:

Los ríos entran constantemente en el océano
Pero el océano permanece imperturbable.
Los deseos entran en la mente del sabio
Pero él no es perturbado por los deseos.
El sabio sabe lo que es la paz.

Conoce la paz aquel que ha olvidado todo deseo.
Él vive sin deseos,
Libre de orgullo, libre de ego.

17. La concentración sobre un mismo objeto puede lograr cuatro estados: indagación, discriminación, paz gozosa y simple conciencia de la individualidad.

Para comprender éste y los aforismos siguientes, debemos estudiar previamente la estructura del universo tal como la presenta la filosofía *vedanta*. (Vedanta es la filosofía basada en las enseñanzas de los Vedas, las Escrituras más antiguas de la India).

Consideremos en primer término la Realidad básica. La Realidad, entendida como el más recóndito Ser de cualquier criatura particular u objeto, es lo que presentamos anteriormente como Atman. Cuando se habla de la realidad en su aspecto universal, se le llama Brahman. Esto puede parecer confuso al comienzo para los estudiantes occidentales; sin embargo, el concepto no debería ser extraño para ellos. La terminología cristiana presenta una distinción similar cuando habla de las dos fases: Dios inmanente y Dios trascendente. Una y otra vez, en la literatura hindú y cristiana encontramos esta gran paradoja: que Dios es al mismo tiempo interno y externo, instantánea e infinitamente presente en todas partes; el morador en el átomo y la morada de todas las cosas. Pero es siempre la misma Realidad, la misma Divinidad vista en sus dos relaciones con el cosmos. Estas relaciones han sido descriptas mediante dos palabras diferentes con el ánimo de ayudarnos a pensar en ellas, pero sin implicar dualidad alguna: Atman y Brahman son uno.

¿Qué es este cosmos? ¿De qué está hecho? Vedanta enseña que el cosmos está hecho de *Prakriti*, la materia elemental, indistinguible y homogénea, de mente y materia. Se define a Prakriti como el poder o efecto de Brahman, en el mismo sentido que el calor es un poder o efecto del fuego. Así como el calor no puede existir separado del fuego que lo causa, así Prakriti no podría existir separada de Brahman. Los dos son eternamente inseparables. El último causa al primero.

Patanjali difiere de Vedanta en este punto: que el Purusha o Atman y Prakriti son dos entidades separadas, ambas igualmente reales y eternas. Sin embargo, dado que Patanjali creía también que el Purusha individual podía ser totalmente liberado y aislado de Prakriti, él, en realidad, estuvo en completo acuerdo con Vedanta en cuanto al propósito y meta de la vida espiritual.

¿Por qué Brahman causa Prakriti? Esta pregunta probablemente no pueda ser contestada en términos de ninguna filosofía creada por el hombre porque el intelecto humano está dentro de Prakriti y por lo tanto, no puede comprender su naturaleza. Sólo un ser iluminado puede experimentar la naturaleza de la relación Brahman–Prakriti mientras se halle en el estado de perfecta unión o yoga, pero no puede comunicar su conocimiento en términos de lógica y lenguaje porque desde el punto de vista absoluto, Prakriti no existe. No es la realidad y aun así, no es otra que la Realidad. Es la Realidad como aparece ante nuestros sentidos humanos, la Realidad distorsionada, limitada, mal interpretada. Podríamos aceptar, como una hipótesis elaborada, la afirmación del sabio de que esto es así, pero nuestro intelecto vacilaría, frustrado y desconcertado por el tremendo misterio. Careciendo de experiencia supraconsciente, debemos contentarnos con el lenguaje descriptivo de la imaginación. Volvemos gustosos a las famosas líneas de Shelley:

La vida, como una cúpula de vidrio multicolor,
Mancilla el inmaculado esplendor de la eternidad.

Filosóficamente, estas líneas pueden parecer un tanto vagas – no es muy claro qué quiere significar Shelley por 'vida', pero sin duda nos proporcionan una imagen práctica y hermosa si pensamos en Brahman como 'el inmaculado esplendor'. Entonces Prakriti estaría representada por los colores que velan la verdadera naturaleza de su fulgor.

Se dice que Prakriti es la substancia elemental, indiferenciada, de la mente y la materia. ¿En que relación se encuentra con respecto al fenómeno altamente diferenciado de este universo aparente?

Para responder esta pregunta debemos rastrear el curso total de una creación, desde su mismo comienzo. Decimos deliberadamente 'una creación' porque la filosofía Hindú considera la creación y la disolución como un proceso indefinidamente repetido. Cuando, de ciclo en ciclo, el universo se disuelve –o aparentemente se disuelve– se dice que este retorna y queda dentro de la Prakriti indiferenciada y allí permanece en 'estado de simiente' potencial, durante cierto período.

¿Cuál es, entonces, el mecanismo de recreación de la Prakriti? Se dice que Prakriti está compuesta de tres fuerzas: *sattwa*, *rayas* y *tamas*, conocidas en conjunto como los tres gunas. Estos gunas – cuyas características individuales describiremos más adelante– pasan a través de fases de equilibrio y de desequilibrio; la naturaleza de la relación entre ellas es tal que está sujeta a perpetuo cambio.

Mientras los gunas mantienen equilibrio entre sí, Prakriti permanece indiferenciada y el universo existe únicamente en un estado potencial. Tan pronto como se altera el equilibrio comienza una recreación del universo Los gunas entran en una enorme variedad de combinaciones, todas ellas irregulares, con preponderancia de uno u otro de los gunas sobre el resto.

De aquí que haya tal variedad de fenómenos físicos y psíquicos en nuestro mundo aparente. El mundo, en ese estado, continúa multiplicando y variando sus formas hasta que los gunas hallan nuevamente un equilibrio temporario y luego comienza una nueva fase de potencialidad indiferenciada. (Un estudiante con mente científica podría comparar la cosmología de Vedanta con las últimas teorías de la física nuclear. Encontrará muchos puntos de similitud entre los dos sistemas).

Algunas veces los gunas son descritos como 'energías', otras veces como 'cualidades'; lamentablemente no existe en Inglés ni una sola palabra que pueda definir la total naturaleza y función de los gunas. En conjunto pueden ser imaginados como un triángulo de fuerzas opuestas y aun así complementarias. En el proceso de evolución sattwa es la esencia de la forma que ha de ser realizada; tamas es el obstáculo inherente a esa realización y rayas es el poder mediante el cual ese obstáculo es quitado para que la forma esencial se manifieste.

A modo de ilustración, tomemos un ejemplo humano en lugar de cósmico. Un escultor decide modelar la figura de un caballo. La idea de este caballo, cuya forma él ve en su imaginación es inspirada por sattwa. Luego consigue una buena porción de arcilla, la que representa el poder de tamas; su ausencia de forma es un obstáculo que es necesario vencer. Tal vez haya también un elemento de tamas en la propia mente del escultor, quien puede pensar: "Esto me va traer muchos problemas. Es demasiado complicado; estoy cansando. ¿Para qué hacer el esfuerzo?". Pero aquí la fuerza de rayas viene en su ayuda. Rayas, en este caso, representa la voluntad del escultor para conquistar su propia inercia y las dificultades de las circunstancias; representa también el esfuerzo muscular que él pone en funcionamiento con el fin de terminar su obra. Si logra generar suficiente cantidad de rayas, el obstáculo de tamas será vencido y la forma ideada por sattwa se personificará en un objeto tangible hecho de arcilla. De este ejemplo es evidente que los tres gunas son necesarios para un acto de creación. Sattwa sería únicamente una idea no realizada; rayas sin sattwa sería una simple energía sin dirección; rayas sin tamas sería como una palanca sin un punto de apoyo.

Si deseamos describir los gunas individualmente, podemos decir que sattwa representa todo aquello que es puro, ideal y tranquilo; rayas se expresa en acción, movimiento y violencia y tamas es el principio de la solidez, de la resistencia inamovible y de la inercia.

Como ya hemos dicho, los tres gunas se hallan presentes en todo, predominando uno sobre los otros dos en todos los casos, sin excepción. Sattwa, por ejemplo, predomina en la luz del sol; rayas en el volcán en erupción y tamas en un bloque de granito.

En la mente del hombre, los gunas por lo general se encuentran en una relación de extrema inestabilidad, de ahí los muchos estados por los cuales pasamos en el curso de un solo día. Sattwa es el causante de nuestros momentos de inspiración, cariño desinteresado, serena alegría y calma meditativa. Rayas causa nuestras explosiones de ira y nuestros deseos furiosos; nos vuelve intranquilos y descontentos y sin embargo, es a su vez responsable de nuestros mejores aspectos de actividad constructiva, energía, entusiasmo y valor físico. Tamas es la ciénaga mental en la cual nos hundimos cada vez que sattwa y rayas dejan de prevalecer. En este estado de tamas, ponemos de manifiesto nuestras peores cualidades: indolencia, estupidez, obstinación e inútil desesperación.

El *Bhagavad Guita* ha dedicado varios capítulos a los gunas y sus manifestaciones. Al aspirante espiritual se le aconseja trascenderlos mediante una disciplina de constante discernimiento. Ya hemos descrito estas disciplinas al explicar los aforismos de Patanjali sobre las olas de pensamiento, porque las olas de pensamiento son, por supuesto, proyecciones de las fuerzas de los gunas.

Se lee en el *Guita*: "Se dice que un hombre ha transcendido los gunas cuando no aborrece la luz de sattwa, ni la actividad de rayas ni tampoco la ilusión de tamas mientras estas prevalecen; y aun así no anhela por ellas una vez que las mismas han cesado. Él es como uno que permanece tranquilo, indiferente y no es perturbado por los gunas. Él sabe positivamente que los gunas son los actores de toda acción y jamás pierde este poder de discernimiento. Él descansa en la íntima calma del Atman considerando a la felicidad y al sufrimiento en un pie de igualdad".

Hemos visto así que es la interacción de los gunas lo que provee la fuerza motriz para el proceso creativo. Vamos ahora a considerar sus estados. En el sistema hindú, el primer estado de la evolución, partiendo de la indiferenciada Prakriti, es llamado *mahat*, "la gran causa". Mahat es el sentido del ego cósmico, la primera luz del amanecer de la conciencia diferenciada. Tal vez podría ser comparada con el espíritu moviéndose sobre la superficie de las aguas que se menciona en el Libro del Génesis.

De Mahat evolucionó buddhi, la facultad de discernimiento, la cual ya ha sido descrita. De buddhi evolucionó ahamkar, el sentido del ego individual. De ahamkar las líneas de la evolución se ramificaron en tres direcciones diferentes: para producir manas –la facultad registradora; los cinco poderes de percepción – vista, olfato, oído, gusto y tacto; los cinco órganos de acción – lengua, pies, manos y los órganos de evacuación y procreación – y los cinco *tanmatras* o sea las cinco esencias sutiles de sonido, tacto, aspecto, sabor y olor. Se dice que estos tanmatras sutiles, en sus combinaciones y recombinaciones, producen los cinco elementos densos: tierra, agua, fuego, aire y éter, de los cuales está compuesto el universo exterior.

Para resumir todo esto, diremos que aquí se describe a la creación como una evolución hacia el exterior, desde lo indiferenciado hacia la conciencia diferenciada, de la mente a la materia. La conciencia pura, por así decir, queda gradualmente cubierta por sucesivas capas de ignorancia y diferenciación, siendo cada capa más densa y oscura que la anterior hasta que el proceso termina en la superficie física externa del mundo visible y tangible.

Si queremos comprender la técnica de meditación de Patanjali, debemos mantener esta idea de la evolución bien clara en nuestra mente, porque meditación es evolución en sentido contrario. Meditación es un proceso de devolución (volver al estado anterior). Comenzando a nivel de superficie de la vida, la mente meditativa va hacia lo interior en una constante búsqueda de la causa detrás de la causa, hasta alcanzar la más recóndita Realidad.

Consideremos ahora los cuatro estados mencionados por Patanjali de 'concentración sobre un sólo objeto'. Esta clase de concentración contrasta con la otra clase de concentración más elevada descripta en el próximo aforismo, la concentración que va más profundo que todos los objetos y que se une con la conciencia pura, indiferenciada. Sin embargo, la concentración sobre un único objeto es un estado preliminar necesario. Cuando se practica intensamente, puede llevar la mente muy lejos, directamente a las orillas ulteriores de la materia indiferenciada.

Las palabras empleadas para describir los cuatro estados de esta concentración no son fáciles de traducir; los equivalentes en inglés son apenas satisfactorios. El estado de 'indagación' o 'examinación' es alcanzado, según se dice, cuando la mente queda perfectamente concentrada sobre uno de lo elementos densos. Esto es seguido por el estado de 'discernimiento', cuando la mente tritura la capa externa material y se afirma sobre el tanmatra, la esencia sutil interna. Le sigue el estado de 'paz dichosa' cuando nos concentramos sobre los poderes internos de percepción o sobre la mente misma. Finalmente, está el estado de 'simple conciencia de la individualidad' cuando nos concentramos sobre el sentido del ego en su forma más simple y elemental – impasible ante todo temor o deseo – sabiendo solamente que 'yo' soy otro, distinto de 'esto' o 'aquello'.

Esta clase de concentración es, sin duda, bastante difícil – puede llevar toda una vida lograrla – pero se encuentra todavía dentro de Prakriti y en consecuencia, tiene sus tentaciones y peligros. Conocer la naturaleza interior de un objeto es adquirir poder sobre ese objeto. A medida que el aspirante avanza en concentración, puede encontrarse súbitamente poseído por poderes psíquicos, puede ser capaz de curar un enfermo, leer el pensamiento de otros, predecir el futuro o tener control sobre ciertas fuerzas de la naturaleza. La posesión de tales poderes ocasiona la terrible tentación de hacer uso indebido de los mismos por motivos personales de lujuria y ambición. Y lamentablemente es muy cierto, que muchas de las personas que especulan con 'lo oculto' sólo buscan estos poderes y nada más. Afortunadamente para la humanidad, tales experimentadores irresponsables por lo general carecen de la necesaria determinación y en consecuencia no es mucho lo que logran.

Lo que importa es la pureza del motivo. La cocaína, en manos de un médico responsable, es un buen calmante del dolor; en manos de un adicto, es un destructor mortal de la salud física y mental. Los poderes ocultos utilizados por un santo con discernimiento y desapego; no serán considerados como un fin en sí mismos ni hará uso de ellos para ulteriores deseos personales. Cristo, quien curó al sirviente de uno de sus enemigos en el Huerto de Gethsemani, rehusó luego proteger su propia vida pidiendo a Dios que enviara 'más de doce legiones de ángeles'. En cambio la persona impura que adquiere esos poderes, no puede usarlos debidamente y tarde o temprano le causan su propia ruina.

Los cuentos de hadas de todos los países, están llenos de advertencias simbólicas sobre el peligro de traficar con lo sobrenatural. Algunos pocos deseos son concedidos y luego el demonio, hechicero o brujo, se vuelve contra su amo y se posesiona de él, en cuerpo y alma. Por la misma prueba, el genuino aspirante espiritual no puede ser dañado por ningún poder oculto que él llegara a adquirir, porque él los considera simplemente como un derivado de la iluminación que está buscando y no como la iluminación misma.

En cuanto a Patanjali, su actitud es estrictamente científica. Él describe ciertas técnicas de meditación y sus posibles resultados; por lo tanto tiene que hablar, a su debido momento, de los poderes ocultos, de la misma manera que un médico puede escribir un libro informando acerca de toda clase de drogas, aún de aquellas que son peligrosas. Pero al mismo tiempo advierte que si nos sentimos atraídos por esos poderes, perderemos la meta suprema. Si, por lo tanto, no prestamos atención a su advertencia, no tendremos a nadie más que a nosotros mismos a quien culpar.

18. La otra clase de concentración es aquella en la cual la conciencia no contiene ningún objeto, solamente impresiones subconscientes que son como semillas quemadas. Se logra por el constante control de las olas mentales por medio de la práctica del desapego.

Cuando el aspirante espiritual ha alcanzado el más elevado grado de concentración sobre un sólo objeto, está en condiciones de intentar la proeza suprema de concentración sobre la conciencia misma. Este es el estado perfecto de yoga en el cual uno va más allá de Prakriti, más allá de todo conocimiento objetivo y entra en unión con el Atman, la conciencia universal indiferenciada. El estado de perfecta yoga puede alcanzarse cuando las olas de pensamiento han sido aquietadas y la mente purificada de todos sus samskaras, tanto de los malos como de los buenos, cuando Patanjali ha dejado de creer que él es Patanjali y sabe que no es otro que Atman.

La filosofía yoga nos enseña que son los samskaras los que nos conducen de nacimiento a nacimiento, de la misma manera que el vicio profundamente enraizado lleva a un hombre a tomar una droga una y otra vez, a pesar de sentir un rechazo consciente por ella y de los esfuerzos de su voluntad moral.

Podemos decir, y sinceramente creer, que estamos hastiados del mundo con su recíproca relación de placeres y sufrimientos –'los frutos dulces y amargos del árbol'– sin embargo, no estamos tan hastiados mientras esas tendencias subconscientes permanezcan. Nuestro deseo de volver a sumergirnos una vez más en la experiencia sensoria es mucho más profundo de lo que nosotros creemos. Además, nuestro desapego físico y espiritual, nuestros temporarios ataques de disgusto y arrepentimiento, no sirven de mucho. Shakespeare ha descrito este reiterado proceso de atracción y aversión en uno de sus más poderosos sonetos.

> No gozada antes, despreciada al instante;
> La razón pasada buscada, sin haber llegado pronto;
> La razón pasada odiada, como carnada tragada
> Puesta enfrente, para enojar al entrampado...

Se deduce, por lo tanto, que cuando los samskaras han sido arrancados de raíz y destruidos –como deben ser para que el estado de perfección en yoga pueda ser alcanzado– ya no habrá más impulso hacia el renacimiento. El que logra yoga es conocido como uno que se ha *liberado*. Cuando su vida presente termine, él se unirá con el Atman para siempre.

Sin embargo, el logro de perfecta yoga no significa necesariamente el inmediato fin de la vida mortal. Hay santos que han alcanzado la suprema experiencia espiritual y aún así prosiguen viviendo durante muchos años. Continúan pensando, hablando y actuando en el plano de los fenómenos externos, pero con una diferencia: los pensamientos, palabras y actos de un hombre liberado se dice que son como 'semillas quemadas', es decir, ya no son fértiles; nunca más pueden producir samskaras y tampoco crear ligaduras o la entrega al vicio y al placer.

En sánscrito, todo acto mental o físico es llamado *karma*. Karma es también la palabra utilizada para describir la consecuencia de este acto y lo que nosotros llamamos nuestro 'destino', dado que nuestro destino no es otra cosa que la suma de las consecuencias de nuestras acciones pasadas en esta y en previas vidas. Después que una persona ha logrado la liberación en yoga, sus acciones dejan de producir karmas. El remanente de su vida terrenal está gobernado únicamente por los karmas que ya existían antes de su liberación. Es como un actor en la última noche de una representación teatral. El sabe que no volverá a representarse la obra, sea que él actúe bien o no, no importa que el público lo desapruebe o aplauda. Él ya no tiene nada que ganar o perder por su representación; no obstante, debe cumplir con su papel hasta el final, cuando el telón baje y él pueda irse a su casa.

Refiriéndose a las acciones de uno que ha alcanzado la liberación, Shankara nos dice: "Tales acciones son realizadas, por así decirlo, de memoria. Son como las acciones que se recuerdan de un sueño".

19. Cuando tal concentración no es acompañada por el desapego y por lo tanto la ignorancia persiste, el aspirante alcanzará el estado de los dioses desencarnados o se sumergerá en las fuerzas de la Naturaleza.

La concentración sin desapego no puede traer la liberación. Por más duramente que luchemos, únicamente seremos recompensados de acuerdo con nuestros deseos. Si realmente queremos la liberación y trabajamos arduamente para ello, la conseguiremos. Pero si queremos poder y placer, eso será lo que lograremos, no sólo en este mundo y en esta forma humana, sino también en otros mundo y en otras formas en el más allá. Se dice que la concentración sobre los elementos densos o los órganos sensorios, nos lleva a la condición de los dioses desencarnados; la concentración sobre la mente y el ego nos vuelve uno con las fuerzas de la Naturaleza y los reguladores de parte del universo.

Cuando un hindú habla de 'cielo' o 'infierno,' no lo hace en el sentido cristiano. Porque para un hindú, cielo e infierno están dentro de Prakriti. Él cree en muchos planos de existencia aparte de este plano terrenal, algunos infernalmente dolorosos, otros celestialmente placenteros. Podemos ir a estos planos durante cierto tiempo después de la muerte, impulsados por el karma que hemos acumulado aquí en la tierra, pero en ninguno de ellos permaneceremos eternamente. Cuando el karma acumulado, bueno o malo, se agote, renaceremos en esta vida mortal. El nacimiento humano es la única condición, de acuerdo con la creencia hindú, bajo la cual somos libres para practicar yoga y para unirnos con el Atman.

El deseo por el cielo es, por lo tanto, una ambición muy inferior al deseo por la liberación. Toda la literatura religiosa Hindú hace una clara distinción entre ambos deseos. Cuando Sri Krishna censura la preocupación de Aryuna por los problemas del mundo fenomenal, se refiere al hombre 'que simplemente anhela el cielo'. Veamos también el poema '*Brahman*' de Emerson:

> Los poderosos dioses anhelan mi morada,
> y en vano, los siete sabios la anhelan.
> Pero tú, ¡humilde amante del bien!,
> ¡Hállame y vuelve tu espalda a los cielos!

'Los poderosos dioses' no son, en realidad, en absoluto poderosos. Ellos están ligados a Prakriti, encadenados a este cosmos por su deseo de poder. Están entre aquellos que han fracasado por que no lograron concentrarse sin apego. En el Katha Upanishad, Yama, el dios de la muerte, admite esto abiertamente, cuando dice a Nachiketa: "Bueno, yo sé que los tesoros terrenales sólo duran un día. ¿Es que no fui yo mismo quien, deseando ser el Rey de la Muerte, hice sacrificios con fuego? Pero el sacrificio fue una cosa pasajera, realizada con objetivos transitorios e insignificante es mi recompensa, veo que mi reinado durará sólo un instante".

Yama sabe que llegará el día en que tendrá que dejar su reino y renacer como hombre. Entonces y sólo entonces, él tendrá otra oportunidad de dar su espalda a los cielos y buscar esa unión con el Atman que es la única verdadera inmortalidad.

20. El verdadero aspirante espiritual logra la concentración por medio de fe, energía, memoria, absorción e iluminación.

'Fe' es una palabra interpretada a menudo por los agnósticos en un sentido despectivo. Es decir, es utilizada para referirse a la credulidad ciega que acepta sin cuestionar toda clase de dogmas y credos, repitiendo como un loro lo que le ha sido enseñado y cerrando sus oídos a la duda y a la razón. Tal 'fe', por supuesto, debe ser combatida. Está compuesta de pereza, obstinación, ignorancia y temor; porque es inflexible puede ser fácilmente sacudida y hasta completamente destruida.

Pero ésta no es la verdadera fe que Patanjali recomienda. La verdadera fe es condicional, flexible, no dogmática, abierta a la duda y a la razón. La verdadera fe no es como el marco de un cuadro, un área de aceptación permanentemente limitada. Es como una planta que continúa dando retoños y creciendo.

Todo lo que necesitamos al comienzo es una semilla. Y la semilla no necesita nada más que un sentimiento de interés en las posibilidades de la vida espiritual. Posiblemente, al leer el pasaje de un libro nos sentimos conmovidos; tal vez conocemos a alguien que parece haber alcanzado cierto grado de sabiduría y tranquilidad, por medio de la práctica de meditación y disciplinas espirituales. Comenzamos a interesarnos y a sentir curiosidad. Puede ser que ésta sea una solución para nuestros propios problemas; puede ser que no. No podemos estar seguros, no debemos estarlo en esta etapa, pero decidimos probar.

Supongamos que tengamos cierta predisposición a la indigestión. Un día leemos un libro sobre dietas o conocemos un médico que nos dice que él puede mejorar nuestra salud si seguimos sus instrucciones. No es preciso que aceptemos el libro o al médico con una fe ciega, pero sí debemos sustentar una fe condicional, una fe hipotética. Tenemos que suponer que la dieta nos ayudará, pero deberemos ponerla en práctica para poder decir con autoridad si es beneficiosa o inútil. Así también, con la dieta espiritual que los grandes maestros recomiendan. Tenemos que tener una fe condicional en la verdad de las Escrituras y en las palabras del maestro.

Debemos también tener energía. Sin energía es imposible seguir cualquier clase de instrucción día tras día y realmente atestiguar sus valores. Buda dijo que si existe algún pecado, éste es el de la pereza. Como hemos visto al ocuparnos de los gunas, tamas es la condición más inferior de la naturaleza y de la mente humana.

Pero, afortunadamente para nosotros, la energía es como un músculo. Crece y se fortalece por medio del uso. Esto es obvio y muy simple y aún así una verdad perpetuamente asombrosa.

Todo artista creador conoce esos días de aparente vacía ineptitud y falta de inspiración, en los cuales tiene que hacer un esfuerzo para emprender el trabajo. Y luego, súbitamente, después de horas de trabajo, el esfuerzo es recompensado; ideas y entusiasmo comienzan a fluir de él. En todas nuestras empresas lo más importante es el pequeño esfuerzo diario. Los músculos de nuestra energía deben ser entrenados constantemente. Así, gradualmente, conseguimos el impulso y el resultado.

A medida que la fe aumenta por medio de la experiencia personal y la energía crece por la práctica, la mente adquiere una dirección y se vuelve reflexiva, en el sentido básico de la palabra. Nuestros pensamientos se hallaban dispersos, por así decir, por todo el campo mental. Ahora comenzamos a recogerlos nuevamente y dirigirlos a una sola meta, el conocimiento del Atman. Al hacer esto nos damos cuenta que gradual y progresivamente vamos quedando absortos en el pensamiento de lo que estamos buscando, hasta que finalmente, la absorción se sumerge en la iluminación y el conocimiento es nuestro.

21. El éxito en yoga les llega rápidamente a aquellos que son intensamente enérgicos.

22. El éxito varía de acuerdo con los medios adoptados para obtenerlo: leve, medio o intenso.
Teóricamente no hay ninguna razón por la cual no podamos lograr el estado de perfecta yoga dentro del lapso de un segundo, dado que el Atman es nuestra naturaleza real y nuestra ignorancia de este hecho puede ser instantáneamente disipada. Prácticamente, sin embargo, nuestro progreso se demora debido a nuestros pasados karmas, nuestros presentes temores y deseos y la relativa fortaleza de nuestra energía. Nadie puede

generalizar acerca del período necesario, puede en algún caso individual, extenderse durante meses, años o toda la vida. Todo lo que podemos decir es esto: ningún esfuerzo, por pequeño que parezca, se pierde y cuanto más firmemente lo intentemos, más pronto triunfaremos.

23. La concentración también puede ser lograda a través de la devoción a Ishwara.

24. Ishwara es una clase especial de Ser incontaminado por la ignorancia y los productos de la ignorancia; no está sujeto a karmas o samskaras ni a los resultados de la acción.

Aquí, por primera vez, Patanjali introduce la idea de Dios. De acuerdo con la filosofía Vedanta, *Ishwara* es el Supremo Gobernador del universo, quien lo crea, sustenta y disuelve. No se puede decir que Brahman, la última Realidad crea, preserva o disuelve, dado que Brahman es, por definición, sin atributos. Ishwara es Brahman visto dentro de Prakriti y corresponde, más o menos a la figura de Dios Padre en la tradición cristiana.

Lo que es importante es el concepto de devoción. La liberación, como ya hemos visto, *puede* ser alcanzada sin devoción a Dios, pero éste es un sendero sutil y peligroso, pavimentado con las trampas de la ambición y el orgullo. La devoción a un Dios ideal, personal, crea una inclinación natural hacia la humildad y el servicio, endulza la sequedad del discernimiento intelectual y despierta la más elevada clase de amor de que el hombre es capaz. Nosotros no podemos ni siquiera imaginar a Brahman hasta el momento de nuestra liberación, pero todos podemos imaginar a Ishwara de acuerdo con nuestras distintas naturalezas, porque Ishwara tiene atributos que nuestras mentes pueden reconocer. Ishwara es todo lo que nosotros podemos conocer de la Realidad hasta que no vayamos más allá de Prakriti. Si resolvemos servir a Ishwara, si le dedicamos nuestras acciones y entregamos nuestros deseos, comprobaremos que él nos atrae hacia sí mismo. Esta es la gracia de Dios, a la cual Sri Ramakrishna comparaba con la brisa que siempre sopla; nosotros sólo tenemos que izar la vela para captarla. También en el *Guita* leemos:

> Todo lo que hagas,
> Toda adoración u ofrenda;
> Todo lo que des a otro,
> Cualquier austeridad
> Que practiques,
> Ofrécemelo a Mí.

Esta clase de devoción posiblemente requiera un temperamento especial; no es para todos. Pero estar capacitado para sentirlo es una gran bendición porque es el camino más seguro y dichoso hacia la liberación.

Se ha dicho que Ishwara es Dios tal como aparece dentro de Prakriti. Pero debemos recordar que Ishwara es el gobernador de Prakriti y no su servidor. Es por esto que Patanjali lo describe como 'una clase especial de Ser'. Un ser humano es el servidor de Prakriti; él está sujeto a la ignorancia de su real Ser (el Atman) y a los productos de su ignorancia: egotismo, apego a los objetos sensorios, aversión por ellos (que no es otra cosa que apego en sentido contrario) y en un ciego aferrarse a esta vida presente; es decir, las diferentes formas de ligadura que constituyen el sufrimiento y sobre las cuales Patanjali se explayará más ampliamente en el segundo capítulo de sus aforismos. Ishwara no está sujeto a esta ignorancia ni a sus efectos.

El hombre está subordinado a las leyes de nacimiento y muerte, las leyes de karma. Ishwara es sin nacimiento y sin muerte. El hombre está sujeto a sus samskaras, las tendencias profundamente arraigadas que le conducen a posteriores acciones y deseos. Ishwara no está envuelto en los resultados de la acción.

Es verdad que el hombre puede volverse libre, pero aun en esto difiere de Ishwara, porque Ishwara nunca estuvo ligado. Después de su liberación el hombre es uno con Brahman, pero no puede jamás volverse uno con Ishwara (en realidad, este deseo de volverse Ishwara, el Gobernador del universo, sería el más absurdo de todos los deseos egoístas, ejemplificado en la literatura cristiana por la historia de la caída de Lucifer). En el estado de unión con Brahman, ambos, Ishwara y su universo, son transcendidos dado que ambos son simplemente proyecciones de Brahman.

25. En Él, el conocimiento es infinito; en otros, es sólo un germen.

26. Él fue el maestro hasta de los primeros maestros, dado que Él no está limitado por el tiempo.

Estos dos aforismos se refieren al atributo de omnisciencia. Si admitimos la existencia del conocimiento en el hombre –no importa cuán limitado sea– debemos deducir de ello la existencia de infinito conocimiento en Dios. Además, admitiendo que todos deben tener un maestro, Patanjali razona que el maestro del primer maestro solamente puede haber sido Dios, dado que tan sólo Él, siendo eterno, estaba presente antes de que comenzaran los maestros.

27. La palabra que lo expresa es Om.

28. Esta palabra debe ser repetida mientras se medita en su significado.

29. Así se destruyen los obstáculos al conocimiento de Atman.

"En el comienzo era la Palabra", dice el Evangelio según San Juan, y "La Palabra era con Dios y la Palabra era Dios". Esta declaración es un eco casi exacto de un verso del Rig Veda: "En el comienzo era Brahman, con quien era la Palabra y la Palabra era realmente el supremo Brahman". La filosofía de la Palabra puede ser rastreada en sus diferentes formas y modificaciones, desde las antiguas Escrituras hindúes, a través de las enseñanzas de Platón y los Estoicos hasta Filón de Alejandría y el autor del Cuarto Evangelio. Quizás pueda llegarse a comprobar la existencia de un eslabón histórico entre todas las sucesivas escuelas de pensamiento; quizás no. El asunto no es muy importante. La verdad puede ser redescubierta independientemente en diferentes épocas y lugares. El poder de la palabra para bien y para mal ha sido reconocida por la humanidad desde el amanecer de la historia. Las tribus primitivas la entronizaban en sus tabúes y cultos secretos. Las culturas del Siglo Veinte han prostituído la Palabra utilizándola para publicaciones políticas y comerciales.

Las palabras y las ideas son inseparables. No podemos tener la idea de Dios sin la palabra que exprese a Dios. Pero ¿por qué es preciso utilizar la palabra OM? Los hindúes contestan que como Dios es el hecho fundamental del universo, debe ser representado por el más básico, más natural, más comprensible de todos los sonidos. Y sostienen que este sonido es OM (o AUM).

Citemos las palabras de Swami Vivekananda sobre la palabra OM: "La primera letra 'A' es el sonido base; gutural, el que se pronuncia sin tocar parte alguna de la lengua o el paladar. La letra 'M' es el último sonido labial y la 'U' representa el rodar del progresivo impulso que comienza en la raíz de la lengua y termina en los labios. Así, OM representa íntegramente al fenómeno que produce el sonido".

Si alguno de nosotros siente que un simple argumento de fonética no es suficiente para dejar sentada esta declaración, deberemos recordar también que OM es, casi con certeza, la palabra más antigua para denominar a Dios. Ha sido utilizada por millones de adoradores, siempre en el sentido más universal, sin implicar ningún atributo especial y sin referirse a ninguna deidad particular. Si tal uso puede conferir santidad, entonces Om es, de todas las palabras, la más sagrada.

Lo que realmente cuenta es que apreciemos el poder de la Palabra en nuestra vida espiritual y esta apreciación sólo puede venir por medio de la experiencia práctica. Las personas que jamás intentaron repetir el nombre de Dios sólo son aptas para burlarse de esta práctica, considerándola vacía y mecánica: "¡Repetir la misma palabra una y otra vez!", exclaman despectivamente, "¿qué bien puede hacer esto?".

La verdad es que estamos convencidos – a pesar de que nuestra experiencia diaria nos demuestre lo contrario – de que siempre pensamos con lógica y coherencia. Pero en realidad la mayoría de nosotros no hacemos esto. Los pensamientos coherentes sobre cualquier problema, ocupan una pequeña parte de nuestras horas de vigila. Por lo general estamos en un estado de ensueño, una niebla mental de impresiones sensorias desconectadas entre sí, recuerdos deshilvanados, migajas de frases de libros y periódicos, relámpagos de temores y resentimientos, sensaciones físicas de incomodidad, excitación o tedio.

Si en un momento determinado pudiéramos tomar veinte mentes e inspeccionar sus maquinaciones, a lo máximo hallaríamos una o dos que funcionan razonablemente. Las dieciocho o diecinueve restantes actuarían de esta manera: "El frasco de tinta. Aquel día que vi a Roosevelt. Enamorada de la noche misteriosa. Jimmy está tratando de conseguir mi puesto. María dice que estoy gorda. Me duele un dedo del pie. La sopa está buena...etc., etc.". Como nosotros no hacemos nada para controlar este ensueño, él mismo está, en gran medida, condicionado por las circunstancias externas. Hoy está nublado, por lo tanto, nuestro estado de ánimo es triste. Sale el sol, nuestro estado resplandece. Algunos insectos comienzan a zumbar a nuestro alrededor y nos volvemos irritables y nerviosos. Muy a menudo esto es así de simple.

Ahora bien, si nosotros introducimos en medio de este estado de ensueño la repetición del nombre de Dios, descubriremos que podemos controlar nuestros estados a pesar de la interferencia del mundo exterior. De todos modos, siempre estamos repitiendo palabras en nuestra mente, el nombre de un amigo o de un enemigo, el nombre de una ansiedad, el nombre de un objeto deseado y cada una de estas palabras está rodeada de su propia atmósfera mental. Tratemos de repetir 'guerra' o 'cáncer' o 'dinero' unas diez mil veces y hallaremos que todo nuestro estado mental ha cambiado y se ha coloreado por las asociaciones relacionadas con esas palabra. De igual manera, el nombre de Dios cambia el clima de nuestra mente. No puede ser de otra manera.

En las Escrituras hindúes a menudo encontramos esta frase: "Tomar refugio en su nombre". (En el libro de los Proverbios XVIII.10, leemos: "Torre fuerte es el nombre del Señor;

a Él correrá el justo y será protegido"). Esta frase, que a primera vista puede parecer demasiado poética, llega a tener un significado muy real y literal en nuestra vida espiritual.

Cuando la mente se siente violentamente sacudida por el dolor, el temor o por las necesidades de alguna emergencia física, al punto que es imposible usarla para meditar y ni siquiera para pensamientos razonables, hay algo que siempre podemos hacer: repetir Su nombre una y otra vez. Una vez que hayamos probado y comprobado el poder de la sagrada Palabra, confiaremos en ella cada vez más. Mediante constante práctica la repetición se vuelve automática, ya no tiene que ser impuesta conscientemente. Es como el termostato de un calefactor o un refrigerador. Cada vez que la mente alcanza una 'temperatura' indeseable, descubrimos que la repetición comienza por sí mima y continúa todo el tiempo que sea necesario.

Por supuesto, la mera repetición del nombre de Dios es insuficiente, como bien lo señala Patanjali. Debemos también meditar sobre su significado. Sin embargo, un proceso sigue naturalmente al otro. Si perseveramos, nuestra repetición nos conducirá inevitablemente a la meditación. Gradualmente nuestro ensueño confuso dará lugar al pensamiento concentrado. Ya no podemos continuar repitiendo ninguna palabra sin comenzar a pensar sobre la realidad que ella representa.

A menos que seamos muy avanzados en la práctica espiritual, esta concentración no se mantendrá más que unos pocos momentos; la mente se deslizará nuevamente a su campo de ensueño. Pero será un ensueño de una clase más elevada, un ensueño dominado por sattwa más que por rayas o tamas. Y el Nombre, perpetuamente pronunciado dentro del campo de ensueño, será como un suave tirón a nuestra manga, demandando y finalmente capturando otra vez nuestra atención.

En India, cuando un discípulo llega a su maestro por iniciación, recibe lo que se llama *mantra*. El mantra consiste de uno o más nombres sagrados que el discípulo debe repetir, y meditar en él, durante el resto de su vida.

El mantra es considerado como muy personal y muy sagrado, la esencia, por así decir, de las instrucciones del maestro a ese discípulo en particular y la semilla dentro de la cual la sabiduría espiritual pasa de una generación a otra.

Nunca debemos revelar nuestro mantra a otro ser humano.

El acto de repetirlo se llama 'japa'[3]. Podemos hacer japa en voz alta si estamos solos o en silencio si estamos entre otras personas. Es conveniente hacerlo con un rosario, uniendo así el pensamiento con la acción física (ésta es una de las grandes ventajas de todo ritual), lo que proporciona un pequeño aunque suficiente escape de energía nerviosa del cuerpo, que de otra manera podría acumularse y perturbar la mente.

La mayoría de los aspirantes espirituales repiten diariamente una cantidad fija de japa. El rosario sirve para medir la cantidad —una cuenta por cada repetición— evitando así la distracción que significaría el tener que contarlos mentalmente.

Es innecesario agregar que la práctica de japa no está limitada a la religión hindú. Los católicos también la practican. 'Ave María' es un mantra. La Iglesia Griega Ortodoxa también reconoce una forma de mantra. Citamos al respecto dos famosos libros '*El Sendero de un Peregrino*' y '*El Peregrino Continúa su Camino*', que relatan el peregrinaje espiritual de un monje Ruso a mediados del siglo XIX:

"La continua oración de Jesús es una llamada constante

[3]Japa, pronúnciese 'yapa'; 'y' como en la palabra española 'yema'.

e ininterrumpida a su nombre divino, con los labios, en el espíritu y en el corazón; consiste en evocarlo siempre presente en nosotros e implorar su gracia en todas las ocasiones, en todo tiempo y lugar, aún durante el sueño. Esta llamada se compone de las siguientes palabras: 'Jesús mío, apiádate de mí'. Quien se acostumbra a esta plegaria encuentra tanto consuelo y siente tal necesidad de repetirla, que no puede vivir sin que resuene dentro suyo.

Muchas personas, consideradas iluminadas, creen esta constante repetición de una misma oración, inútil y hasta frívola, pensando que es algo mecánico, apto para personas irreflexivas, simples. Lamentablemente ellos ignoran el secreto que nos es revelado de este ejercicio mecánico; ellos no saben de qué manera este frecuente servicio de los labios, imperceptiblemente se convierte en un genuino llamado del corazón, que penetra profundamente en la vida interior y se vuelve un deleite natural del alma aportando luz y alimento y conduciéndolo a la unión con Dios.

San Juan Crisostomo, en su enseñanza sobre la oración dice: 'Nadie puede decir que es imposible para el hombre ocupado con los trabajos mundanos y que no pueda concurrir a la iglesia, el rezar en cualquier momento. Donde quiera que te encuentres puedes levantar un altar a Dios en tu mente por medio de la oración. Así, te será posible rezar en tu negocio, durante un viaje, de pie detrás del mostrador o sentado en tu taller…Ordenando tu vida de esta manera, todas tus acciones – por poder de la invocación del nombre de Dios – estarán signadas por el éxito y finalmente te prepararán para la ininterrumpida invocación piadosa del Nombre de Jesucristo. Llegarás a saber por experiencia, que la frecuente oración, este medio de salvación, es una posibilidad para la voluntad del hombre; que es en todo momento, en todas circunstancias y en todo lugar; que lo levanta fácilmente de la frecuente oración vocal a la oración mental y de ésta a la oración del corazón, la cual abre de par en par el Reino de Dios dentro nuestro'".

30. Dolencias, pereza mental, dudas, falta de entusiasmo, indolencia, anhelo desmedido por placeres sensorios, falsa percepción, desesperación por falta de éxito en la concentración, inestabilidad en la concentración, estas distracciones son obstáculos para el conocimiento.

31. Estas distracciones van acompañadas de aflicción, desaliento, temblores del cuerpo y respiración irregular.

Debe observarse que casi todas las distracciones señaladas por Patanjali se encuentran en la lista del estado de tamas. La inercia es el gran enemigo, inspira cobardía, irresolución, autocompasión y dudas absurdas. La inercia también puede ser una causa psicológica de enfermedad; nos incita a relajarnos en el cumplimiento de nuestras obligaciones, tomar refugio en la enfermedad y meternos bajo una tibia frazada.

El cuerpo se resiste a todas las disciplinas desacostumbradas y posiblemente trate de sabotearlas mediante alarmantes e histéricas demostraciones de debilidad, desmayos, violentas jaquecas, palpitaciones, etc., etc. Esta resistencia es subconsciente y los síntomas que genera son hasta cierto punto auténticos, por lo que no es bueno tratar de combatirlos por la fuerza, saliendo bruscamente de la cama y andando a los tumbos en un estado febril. En cambio, podemos atacar nuestra inercia a nivel del subconsciente mediante una silenciosa persistencia en el japa. Nunca estamos demasiado enfermos o débiles para ello. Y la inercia aflojará su dominio poco a poco, cuando comprenda que nosotros realmente lo hemos tomado en serio.

Cuando un aspirante entra en la vida espiritual, naturalmente lo hace con gran entusiasmo. Los primeros pasos casi siempre van acompañados por un sentimiento de paz y deleite. ¡Todo parece tan fácil, tan inspirador! Por lo tanto, es muy importante que él se dé cuenta, desde el comienzo mismo, que este estado no continuará ininterrumpidamente a lo largo de todo su curso.

La religión no es simplemente un estado de euforia; habrá reincidencias, momentos de lucha, aridez y dudas. Sentimientos concientes, por más exaltados que estos sean, no son la única prueba de progreso espiritual. Puede que estemos progresando más firmemente en el momento en que nuestras mentes parecen oscuras y embotadas. Por lo tanto, no debemos escuchar nunca las insinuaciones de la indolencia, la cual intentará persuadirnos de que ese embotamiento es un signo de fracaso. El fracaso no existe, mientras continuemos haciendo un esfuerzo.

32. Pueden ser eliminados mediante la práctica de la concentración sobre una sola verdad.

Es decir, sobre la verdad de la existencia de Dios. Dios tiene muchos aspectos y por lo tanto, hay innumerables caminos para llegar a él. Más adelante Patanjali trata algunos de estos aspectos en detalle. Este aforismo simplemente pone énfasis en la importancia de la concentración en un sólo propósito. Una vez que el aspirante elige la forma ideal de la Divinidad y el sendero para aproximársele, debe adherirse firmemente al mismo.

Algunas personas son propensas a ser demasiado liberales en su actitud hacia la religión; prueban un poco de este culto, un poco de aquel, pero no recorren completamente ninguno de los senderos que los conduciría a la meta donde se unen todos los senderos. Sri Ramakrishna comparaba a esta clase de personas con aquel hombre que cavó varios pozos poco profundos sin llegar nunca lo suficientemente hondo como para encontrar agua en algunos de ellos.

Para lograr esta concentración debemos calmar y purificar nuestras mentes. Patanjali nos indica ahora como hacer esto. Él prescribe la actitud mental que deberíamos tener hacia nuestros vecinos en este mundo.

33. La calma imperturbable se logra cultivando una actitud amistosa hacia los que son felices, compasiva con los que sufren, de alegría con los virtuosos y de indiferencia hacia los malvados.

Si conocemos a alguien que se siente feliz con su modo de vivir, nos inclinamos a envidiarlo y nos sentimos celosos de su éxito. Debemos aprender a regocijarnos con el éxito y la alegría ajena como lo hacemos ante la felicidad de un amigo. Si alguien es desdichado deberemos sentir pesar por él, en lugar de despreciarlo o criticarlo por crearse él mismo tales infortunios. La virtud de otros nos dispone hacia la irritación, porque lo consideramos como un reflejo proyectado sobre nuestras propias faltas. Nos sentimos tentados a burlarnos y sugerir que ello no es más que hipocresía. Por el contrario, deberíamos sentir alegría y verlo como una inspiración para superarnos. En cuanto a los malvados debemos recordar las palabras de Cristo: "No seáis vencidos por el mal". Si alguien nos hiere o nos odia, nuestro primer impulso instintivo es responderle con odio y daño. Puede que tengamos éxito en dañarlo, pero será mucho mayor el daño que nos haremos a nosotros mismos; además nuestro aborrecimiento hará entrar gran confusión en nuestras mentes. Por lo tanto, debemos practicar la indiferencia hacia el daño que nos hacen los otros. Debemos ir más allá de la malevolencia del malvado y procurar comprender qué lo hace tratarnos de esa manera. Muy a menudo descubriremos que no estamos totalmente exentos de la causa de su actitud. La relación entre el agresor y su víctima; el criminal y el asesino, no es siempre de simple culpa e inocencia; puede ser muy compleja. Puede haber provocación de ambas partes.

El debido acercamiento hacia nuestros semejantes se encuentra resumido en uno de los primeros votos monásticos hindúes: "Las moscas buscan la inmundicia, las abejas buscan la miel. Huiré del hábito de las moscas y seguiré el de las abejas. Refrenaré en mí el hábito de ver faltas en otros y veré sólo lo bueno que hay en ellos". Éste es el voto que todos deberíamos tomar y vivir y tratar de sostener.

34. La mente también puede ser tranquilizada mediante la expulsión y retención de la respiración.

Patanjali utiliza la palabra *prana*. Prana, en realidad, significa energía, la energía vital que nosotros aspiramos del universo que nos circunda dado que esta energía está obtenida principalmente por la 'respiración' en este contexto particular.

Más adelante sabremos más acerca del sistema de los ejercicios de respiración a los que se refiere Patanjali, conocidos como *pranayama*. Aunque sin entrar en mayores detalles, es necesario hacer aquí dos observaciones generales.

Primero, observamos que Patanjali considera el control de la mente como un problema psicológico. En esto concuerda con el pensamiento científico moderno. Los estudios sobre la respiración han demostrado que el método de respiración afecta a todo el organismo. Puede obtenerse un estado de calma mediante una inhalación y exhalación regular. Las perturbaciones mentales y el desaliento son acompañados –como lo señala Patanjali en el aforismo 31 de este capítulo – por una respiración irregular, rápida, superficial e incontrolada.

Segundo, no debemos olvidar nunca que pranayama es simplemente un medio físico para un fin espiritual. Muchas personas mal informadas imaginan que yoga no es otra cosa que un sistema de ejercicios respiratorios y complicadas posturas "conteniendo la respiración y parándose sobre la cabeza".

Cuando ellos hablan de 'yoga' se refieren únicamente a *hatha yoga* que es el correcto nombre de este sistema de ejercicios, tal como era practicado en la antigua India. Hatha yoga tenía por fin preparar al aspirante para la experiencia espiritual mediante la perfección del cuerpo; no obstante ha sido censurado por maestros espirituales porque en la práctica tiende a concentrar la mente en el cuerpo mismo.

En el Occidente este sistema se encuentra en una forma completamente degenerada, como un culto a la belleza física y a la prolongación de la juventud. Como tal, puede ser efectivo, pero también peligroso. El abuso de los ejercicios respiratorios en búsqueda de sensaciones agradables, puede conducir a alucinaciones y llevar a la locura. Y aún en el mejor de los casos, una excesiva preocupación por nuestra apariencia física y bienestar es obviamente una distracción que trae como consecuencia el olvido, por una tonta vanidad, de nuestro propósito real.

35. Esas formas de concentración que se convierten en percepciones extraordinarias, incitan a perseverar.

Dado que la mayoría de nosotros somos por naturaleza escépticos –a pesar de nuestras 'firmes creencias'– necesitamos tener la certeza de que los poderes de la mente sobre la materia realmente existen. No obstante, los innumerables y bien documentados experimentos llevados a cabo bajo las condiciones de laboratorio más estrictas, sonreímos como disculpándonos cuando admitimos, aunque veladamente, fenómenos tales como la telepatía y la predicción etc. Si hemos estudiado el tema, no podemos dejar de creer que tales cosas son posibles, pero...todavía no nos ha sucedido a nosotros. Y hasta que esto no ocurra, la mente albergará su pequeño germen de duda.

Patanjali, por lo tanto, recomienda que tratemos de desarrollar por nosotros mismos algunas 'percepciones extraordinarias'. Se ha dicho que si una persona se concentra en la punta de la nariz olerá perfumes maravillosos; si se concentra en la punta de la lengua, experimentará un gusto supra-normal; si lo hace en el paladar un sentido de color excepcional; si en medio de la lengua un sentido del tacto extraordinario, etc. Tales poderes en sí carecen de todo valor, pero sirven por lo menos para comprobar lo que puede obtenerse por medio de la mente, de la misma manera que la gimnasia acrobática demuestra cómo un cuerpo humano entrenado puede llegar a ser tan fuerte y flexible.

Por lo tanto, comenzamos a comprender que todo es posible para aquellos que pueden concentrarse, lo cual nos da ánimo para perseverar, atravesar las barreras de la percepción sensoria ordinaria y avanzar intrépidamente en nuestra búsqueda del conocimiento interno. La fuerza física obtenida en un gimnasio puede ser utilizada más adelante para propósitos prácticos. La fuerza mental conseguida por los ejercicios de concentración puede ser utilizada para el más práctico de los propósitos: unirnos con Atman.

36. La concentración también puede ser lograda fijando la mente en la Luz Interior, la cual está más allá de todo pesar.

Los antiguos yoguis creían que existía un centro espiritual de conciencia llamado 'el loto del corazón', situado entre el abdomen y el tórax, el cual podía ser revelado en profunda meditación. Ellos aseguraban que tenía la forma de un loto y que ese loto brillaba con una luz interior. Se decía también que estaba 'más allá del pesar', dado que aquellos que lo veían quedaban plenos de un extraordinario sentimiento de paz y dicha.

Desde tiempos muy antiguos, los maestros de yoga enfatizaban la importancia de meditar en este loto. "El supremo cielo resplandece en el loto del corazón", dice el Kaivalya Upanishad, "Los que luchan y tienen aspiración pueden entrar allí. Retírate a la soledad. Siéntate en un lugar limpio, bien erguido, con la cabeza y el cuello en una línea recta. Controla todos los órganos de los sentidos e inclínate con devoción ante tu maestro. Luego entra en el loto del corazón y medita allí sobre la presencia de Brahman, el puro, infinito, bienaventurado".

Y en el Chandogya Upanishad leemos:

"En el interior de la ciudad de Brahman, que es el cuerpo, está el corazón y dentro del corazón, que tiene la forma de un loto, hay una casita, dentro de la cual mora Aquello que debe ser buscado, investigado y luego realizado.

¿Qué es Aquello, entonces, que morando dentro de esta casita, este loto del corazón, debe ser buscado, inquirido y realizado?

Tan grande como el universo exterior, más grande aún es el universo dentro del loto del corazón. Dentro de ese loto están el cielo y la tierra, el sol, la luna, el relámpago y todas las estrellas. Todo lo que está en el macrocosmo está en el microcosmo.

Todas las cosas que existen, todos los seres y todos los deseos, están en la ciudad de Brahman. ¿Qué sucede con todos ellos cuando se aproxima la vejez y el cuerpo se disuelve en la muerte? Si bien la vejez le llega al cuerpo, el loto del corazón no envejece. A la muerte del cuerpo, él no muere. El loto del corazón donde Brahman existe en toda su gloria, aquello y no el cuerpo es la verdadera ciudad de Brahman. Brahman morando allí dentro es inconexo de toda acción, eterno, sin muerte, libre de pesar, libre de hambre y sed. Sus deseos son deseos justos y sus deseos son cumplidos".

En el Mundaka Upanishad leemos:

"El mora dentro del loto del corazón, como los rayos de una rueda, donde los nervios se encuentran. Medita en él como OM y fácilmente podrás cruzar el mar de la oscuridad".

"En el loto resplandeciente del corazón mora Brahman, quien es sin pasión e indivisible. Él es puro, él es la luz de las luces. A él los conocedores del Ser alcanzan".

Este método de meditación resulta de gran ayuda porque localiza nuestra imagen de la conciencia espiritual hacia la cual estamos avanzando. Si pensamos en el cuerpo como una ciudad bulliciosa y turbulenta, entonces podemos imaginar que en medio de esta ciudad hay un pequeño santuario y que dentro de este santuario, el Atman, nuestra real naturaleza, está presente. No importa lo que sucede afuera, en las calles de la ciudad, nosotros podemos entrar en aquel santuario y orar. Está siempre abierto.

37. También meditando en el corazón de un alma iluminada que está libre de pasiones.

Que nuestra mente more en alguna santa personalidad, un Buda, un Cristo, un Ramakrishna. Luego nos concentraremos en su corazón. Tratemos de imaginar cómo debe sentir o ser ese gran ser, puro e imperturbado por los objetos de los sentidos, un conocedor de Brahman. Tratemos de sentir que el corazón del santo se ha convertido en nuestro corazón, dentro de nuestro propio cuerpo. Aquí nuevamente puede resultar de gran ayuda localizar la imagen. Tantos lo Hindúes como los Cristianos practican esta forma de meditación, concentración no sólo sobre el corazón sino también, a veces, sobre las manos, los pies y la forma entera.

38. O fijando la mente sobre una experiencia tenida en sueños o en el sueño profundo.

Por "una experiencia en sueños", Patanjali quiere significar un sueño acerca de una santa personalidad o de un símbolo divino. Un sueño tal puede ser perfectamente considerado una experiencia porque trae una sensación de dicha y revelación que permanece en nosotros después de habernos despertado. En la literatura espiritual de India encontramos muchos ejemplos de devotos que soñaron que recibían un mantra de un gran maestro. Tal mantra en sueños es considerado tan sagrado como uno recibido en estado de vigilia; el devoto que lo recibe continuará usándolo y meditando en él durante el resto de su vida.

Otro método para tranquilizar la mente es concentrarse sobre ese apacible sentimiento de felicidad con que nos despertamos del sueño, del sueño sin ensueños. De acuerdo con la filosofía

Vedanta, el Atman en el ser humano está cubierto con tres capas o 'vainas'. La más externa de ellas es la vaina física que es la capa de materia densa. Debajo de esta se encuentra la vaina sutil, compuesta de la esencia interna de las cosas y es la substancia del mundo espiritual. Por debajo de la vaina sutil está la vaina causal, así llamada porque es la trama de nuestro karma, el complejo de causa y efecto que hace que nuestra vida y personalidad se manifiesten, en un determinado momento, tal y como son.

La vaina causal es el sentido del ego en el estado de vigilia, que nos hace ver a nosotros mismos y al fenómeno del universo como entidades separadas. Vedanta nos dice que estas tres capas se interponen entre nosotros y el Atman, pero en el sueño sin ensueños las dos coberturas exteriores desaparecen y sólo la vaina causal, el sentido del ego, permanece.

Se deduce, por lo tanto, que estamos más cerca del Atman en el sueño sin ensueños que en cualquier otro estado de nuestras vidas comunes no-espirituales; más cerca y aún tan distante, porque lo que nos separa es la cubierta más resistente de las tres, la capa básica de nuestra ignorancia, la mentira de la diferencia. Esta vaina no puede ser destruida mediante el sueño. No podemos esperar despertarnos una mañana y encontrarnos unidos con la Realidad. No obstante, una débil insinuación, una leve radiación de la gozosa paz del Atman, sí nos llega en ese estado y permanece con nosotros cuando volvemos al estado de vigilia consciente. Tratamos de mantener esa paz y morar en ella. Es una pre-degustación de la dicha del perfecto conocimiento.

39. O fijando la mente sobre alguna forma divina o símbolo que nos atraiga.

Una de las características más atractivas de la filosofía de Patanjali es su amplitud de visión, su universalidad. No hay aquí la menor tentativa de imponer un culto particular al aspirante espiritual. Dios está dentro nuestro y es por la luz de su presencia –no importa cuan tenuemente brille a través de las capas de nuestra ignorancia– que nosotros ideamos nuestras propias imágenes y símbolos del bien y las proyectamos sobre el mundo exterior. Cada una de estas ideas, símbolos o imágenes, es sagrada si es concebida con sinceridad. Puede ser imperfecta e infantil, puede no ser de atracción para otros, eso no es importante. Lo que importa es nuestra actitud hacia ello. Hacemos sagrado todo lo que adoramos con sinceridad y pureza.

Por lo tanto, debemos sentir siempre reverencia por la religión que practican nuestros semejantes y cuidarnos muy bien del fanatismo. Al mismo tiempo –como ya lo hemos dicho anteriormente, con referencia al aforismo 32– debemos limitarnos a una sola senda en nuestra búsqueda y mantenernos en ella; caso contrario malgastamos nuestras energías inútilmente. Nada encontramos en un templo o en un lugar de peregrinación si nada llevamos dentro de nosotros mismos, y nunca debemos olvidar, en cuanto a la práctica externa de un culto, que si bien la Realidad está en todas partes, solamente podemos tener contacto con ella en nuestro propio corazón.

Como expresara Kabir, el gran santo Hindú, en uno de sus más famosos poemas:

> Sonrío cuando oigo que el pez,
> viviendo en el agua, tiene sed.
> Tú vagas sin descanso de bosque en bosque,
> mientras la Realidad está dentro de tu propia morada.
> ¡La verdad está aquí!

Ve donde quieras, a Benares o a Mathura;
hasta que no encuentres a Dios en tu propia alma,
¡el mundo entero te parecerá sin sentido!

40. La mente de un yogui puede concentrarse sobre cualquier objeto de cualquier tamaño, desde el átomo hasta lo infinitamente grande.

'Un yogui' aquí no significa simplemente 'uno que ha practicado yoga', sino uno que ha alcanzado el poder de la concentración indivisa. Por supuesto, este poder puede ser logrado solamente por medio de un completo autodominio.

Cuando un aspirante espiritual comienza a practicar concentración, se enfrenta con toda clase de distracciones. Nunca se sabe cuánta basura hay en la casa hasta que comenzamos a vaciar el altillo y el sótano. No tenemos idea de cuánta suciedad se ha acumulado en la región subconsciente de nuestra mente hasta que comenzamos a hacer el intento de concentrarnos. En consecuencia, muchos principiantes se sienten desanimados. Ellos dicen: "antes de comenzar a practicar concentración, mi mente parecía bastante limpia y calma. Ahora está perturbada y llena de pensamientos indeseables. Esto me fastidia. Yo no tenía la menor idea de ser tan imperfecto. Y seguramente me estoy empeorando, no mejorando". Sin embargo no es así. El sólo hecho de que ellos hayan emprendido una limpieza general de la casa mental y hayan puesto en movimiento este revoltijo, significa que han dado un paso en la verdadera dirección.

En cuanto a la calma que ellos imaginan haber experimentado hasta ese momento, no era otra cosa que apatía, la quietud de una laguna sofocada por el lodo. Para un observador casual, inercia y serenidad –tamas y sattwa– pueden, algunas veces, parecer iguales. Pero para pasar de la una a la otra tenemos que atravesar la confusión y el desorden que significa el esfuerzo activo, la fase de rayas.

Un observador casual, viendo nuestras luchas y zozobra puede decir: "Antes era mucho más agradable estar con él. Me gustaba más como era antes. Parece que la religión no se aviene con él". A nosotros no debe importarnos. Debemos continuar nuestra lucha con todas sus temporarias humillaciones hasta que logremos ese autodominio, esa concentración indivisa de la cual habla Patanjali.

41. Así como el cristal puro toma el color del objeto que está próximo a él, así la mente, cuando se ha limpiado de las olas de pensamiento, alcanza la identidad con el objeto de su concentración. Éste puede ser un objeto denso, el órgano de percepción o el sentido del ego. El logro de esta identidad con el objeto de concentración es conocido como samadhi.

Los diversos objetos de concentración a que se hace referencia aquí, ya han sido discutidos en el comentario sobre el aforismo 17 del presente capítulo. El estado de yoga (al cual ahora Patanjali llama por su nombre técnico de *samadhi*) puede ser logrado en cada nivel subsiguiente de lo fenomenal: podemos comenzar con objetos externos y penetrar hacia lo más íntimo de la individualidad. Hay, por lo tanto, diferentes clases de samadhi, como veremos a continuación. Pero ninguna clase de samadhi es posible hasta que la mente no haya adquirido este tremendo poder de concentración que alcanza 'igualdad o identidad' con su objeto. Como hemos visto al considerar el aforismo 5, las olas mentales sólo pueden ser aquietadas absorbiendo primeramente todas las muchas pequeñas olas en una gran ola o sea un único objeto de concentración.

En los Upanishads hallamos este proceso descrito de una

manera ligeramente diferente y tal vez más simple. Se nos aconseja concentrarnos sobre un objeto, cualquier objeto, y considerarlo como símbolo de la Realidad que mora en nuestro interior, el Atman. Si nos aferramos firmemente a este concepto y no lo abandonamos ni por un segundo, pasaremos más allá de la cubierta externa de apariencia del objeto, a su esencia.

42. Cuando la mente alcanza la identificación con un objeto denso de concentración, junto con la conciencia de su nombre, cualidad y conocimiento, se la llama savitarka samadhi.

43. Cuando la mente alcanza identidad con un objeto denso de concentración, sin mezcla de conciencia de su nombre, cualidad y conocimiento, de manera que solamente el objeto permanece, esto es llamado nirvitarka samadhi.

Todo nuestro saber común está compuesto –como dice Patanjali– de 'nombre', 'calidad' y 'conocimiento'. Por ejemplo: cuando miramos un escritorio nos hacemos conscientes primero del nombre del objeto (escritorio); segundo de la cualidad del objeto (su tamaño, forma, color, tipo de madera, etc.) y tercero de nuestro propio conocimiento sobre el objeto (el hecho de ser nosotros mismos quienes lo estamos percibiendo).

Mediante una intensa concentración podemos llegar a identificarnos con el escritorio y al mismo tiempo retener una mezcla de 'nombre', 'cualidad' y 'conocimiento' en la mente. Esta es la clase inferior de samadhi, conocido como *savitarka* que significa 'con cuestionamientos'. El término savitarka es aplicado solamente cuando el objeto de concentración pertenece a la categoría de elementos densos, el orden más externo del fenómeno.

En el samadhi llamado *nirvitarka* ('sin preguntas'), alcanzamos un estado más elevado; nuestra identidad con el objeto de concentración no está más mezclada con la conciencia de nombre, cualidad y conocimiento. Es decir que ahora somos capaces de aquietar las olas mentales que son nuestra reacción al objeto y no conocer nada más que el objeto en sí, tal como es, "la cosa en sí misma", para usar el famoso término de Kant.

Kant sostuvo, bastante acertadamente, que "la cosa en sí misma" no puede ser conocida por los sentidos o la mente racional, debido a que la mente racional como los sentidos sólo pueden presentarnos sus reacciones subjetivas. "Permanece completamente desconocido para nosotros", escribió Kant, "cuáles son los objetos que pueden ser por ellos mismos separados de la receptividad de nuestros sentidos. Nosotros no sabemos nada sobre ellos, excepto la manera en que los percibimos y que no es necesariamente compartida por todos los seres humanos...". Kant, que no admitía la validez de ninguna otra experiencia ajena a la de los sentidos o de la razón, se vio, por lo tanto, forzado a concluir que "la cosa en sí misma" no puede ser conocida.

Patanjali no está de acuerdo con él. Patanjali nos dice que hay una clase de conocimiento superior, un conocimiento trascendental, más allá de toda percepción sensoria mediante el cual 'la cosa en sí misma' *puede* ser conocida. Y esto es, por cierto, lo que fundamentalmente sostienen los místicos practicantes de todas las religiones.

44. Cuando el objeto de concentración es sutil, pueden distinguirse de la misma manera dos clases de samadhi llamados savichara y nirvichara.

Es decir, 'savichara' (reflexivo) es samadhi sobre un objeto sutil mezclado con nombre, cualidad y conocimiento. 'Nirvichara' (súper reflexivo) es samadhi sobre un objeto sutil no mezclado con nombre, cualidad y conocimiento.

45. Detrás de todos los objetos sutiles está Prakriti, la causa primordial.

Como ya hemos visto al estudiar el cuadro del universo de Patanjali, Prakriti es la substancia elemental indiferenciada de la materia; la energía mediante la cual todo lo fenomenal es proyectado. A medida que la mente meditativa se dirige hacia lo interior, explora a través de las coberturas densas externas hasta sus esencias sutiles; y más allá de estas esencias sutiles llega a la Prakriti misma.

Pero Prakriti no es la última Realidad; detrás de Prakriti está Brahman. Las cuatro clases de samadhi descritas están todas dentro del reino de lo fenomenal y son sólo preparatorias para lograr aquel estado de unión directa con Brahman que es el samadhi más elevado de todos. Al respecto, Sri Ramakrishna solía citar esta parábola:

> Un discípulo fue a ver a un maestro para que le enseñara a meditar en Dios. El maestro le dio instrucciones; al poco tiempo el discípulo regresó a su maestro y le dijo que él no podía seguirlas; cada vez que se sentaba a meditar se encontraba de pronto pensando en su pequeño búfalo. "Muy bien", dijo el maestro, "medita en ese búfalo a quien tanto quieres". El discípulo se encerró en una habitación y comenzó a concentrarse en el búfalo. Después de algunos días el maestro golpeó a su puerta pero el discípulo contestó: "Señor, lo lamento pero no puedo salir a recibirlo a usted como se merece. Esta puerta es muy pequeña y mis cuernos

no me permiten pasar". Entonces el maestro sonrió y dijo: "¡Espléndido! ¡Has logrado identificarte con el objeto de tu concentración! Ahora fija esa concentración en Dios y fácilmente alcanzarás el éxito".

46. Se dice que estas clases de samadhi son 'con semilla'.

Es decir, semillas de deseo y apego pueden todavía permanecer en la mente a pesar de haberse logrado perfecta concentración. Estas semillas de deseo son peligrosas, como lo hemos visto al considerar el destino de aquellos que se concentran sin desapego (aforismo 18 de este capítulo). Sin embargo, la liberación se halla ahora muy cerca. El aspirante se ha elevado a tales alturas que no hay posibilidad de que vuelva a caer en ligadura.

47. Alcanzando nirvichara samadhi la mente se vuelve pura.

48. En ese samadhi, se dice que el conocimiento está 'lleno de verdad'.

49. El conocimiento que se logra por la inferencia y el estudio de las escrituras, es conocimiento de una clase; pero el conocimiento que se logra por el samadhi es de un orden muy superior que está más allá de la inferencia y de las escrituras.

Patanjali describe aquí las dos clases de conocimiento: conocimiento obtenido por medio de los sentidos y el razonamiento; y el conocimiento que se obtiene por experiencia directa, supraconsciente.

El conocimiento común nos lleva a través de los sentidos de percepción y la interpretación de esas percepciones mediante nuestra razón. Por lo tanto, el conocimiento común está limitado a 'objetos comunes' es decir, a aquella clase de fenómenos que están dentro de la comprensión de nuestras percepciones sensorias. Cuando el conocimiento común intenta internarse en lo que es 'extraordinario', su impotencia se le revela de inmediato.

Por ejemplo, conocemos las diferentes Escrituras que nos hablan acerca de la existencia de Dios. Podemos leer estos libros y aceptar sus enseñanzas – hasta cierto punto – pero no podemos decir que conocemos a Dios porque los hemos leído. Todo lo que podemos decir que sabemos, es que estas Escrituras fueron escritas por hombres que afirmaron conocer a Dios. ¿Por qué habríamos de creerles? Sí; nuestra razón puede sugerirnos que los autores de las escrituras probablemente fueron honestos y dignos de confianza, no fantasiosos o insanos y que, por lo tanto, deberíamos inclinarnos a creer en lo que ellos nos dicen. Pero tal creencia puede solamente ser parcial y provisional. No nos satisface y en consecuencia, no es conocimiento.

Ahora, tenemos dos alternativas. Podemos decir que hay únicamente una clase de conocimiento, el limitado a los objetos de los sentidos y en consecuencia resignarnos a un permanente agnosticismo con respecto a las enseñanzas de las Escrituras; o bien, podemos admitir la posibilidad de otro conocimiento de clase más elevada que es supra-sensorio y por lo tanto, capaz de confirmar la verdad de esas enseñanzas mediante experiencia directa. Tal es el conocimiento que se obtiene por medio de samadhi, y cada uno debe encontrarlo por sí mismo.

"Realización", dice Swami Vivekananda, "es la verdadera religión; todo lo demás es sólo preparación: escuchar conferencias, leer libros o razonar, es meramente para preparar el terreno; no es religión. Asentimiento intelectual y disentimiento intelectual no es religión". Religión es, de hecho, un tipo de investigación estrictamente práctica y empírica. No acepte algo como verdadero; a menos que esto sea el producto de su experiencia. Prosiga adelante solo, paso a paso, como un explorador en la selva virgen, para descubrir por usted mismo. Todo lo que Patanjali o cualquier otro puede hacer por usted es darle el impulso para que intente la exploración y ciertas indicaciones y advertencias generales que pueden ser de ayuda en su camino.

Patanjali nos dice que en el estado de nirvichara samadhi la mente se vuelve 'pura' y 'plena de verdad'. Se dice que la mente se vuelve pura porque, en ese estado todas las olas menores de pensamiento han sido tragadas por la gran ola de la concentración sobre un solo objeto. Sí; es verdad que todavía existen 'semillas' de apego dentro de esta ola, pero solamente en estado de suspenso. Momentáneamente por lo menos, ellas no pueden causar daño y es muy probable que no vuelvan nunca más a ser fértiles porque habiendo progresado hasta ese punto, es comparativamente fácil dar el paso final que causará su aniquilación.

Se dice que la mente, en nirvichara samadhi, está llena de la verdad porque ahora experimenta un conocimiento directo supraconsciente. Aquellos que han meditado sobre algún Ideal Elegido o alguna personalidad espiritual, experimentan directo contacto con esa personalidad, ya no como algo imaginado subjetivamente, sino como algo objetivamente conocido. Si usted ha meditado en Krishna o en Cristo o en Ramakrishna, procurando evocarlos en su imaginación, hallará que esa imagen se disolvió dentro de la realidad de una vívida presencia. Y al conocer esa presencia verá que la imagen concebida era imperfecta y distinta del original que ahora contempla.

Quienes han tenido esta experiencia la comparan con la acción de un imán. En el estado preliminar de la meditación, el esfuerzo parecía provenir totalmente de ellos mismos; cuando trataban de lograr que la mente quedara fija en su objeto. Pero ahora, se han vuelto conscientes de una fuerza externa, un poder de atracción magnética que lleva a su mente en la dirección deseada, de tal manera que el esfuerzo ya no les pertenece. Esto es lo que se conoce como gracia.

¿Cómo podemos estar seguros de que las revelaciones obtenidas en samadhi son genuinas y no alguna forma de auto-engaño o auto-hipnosis? El sentido común nos sugiere varias pruebas. Por ejemplo, es obvio que el conocimiento así obtenido por uno, no debe contradecir el conocimiento que otros han obtenido del mimo modo; hay muchos conocedores, pero una sola verdad. Además está claro que este conocimiento debe ser algo que no puede ser conocido por otros medios, es decir, por otras experiencias sensorias ordinarias.

Y finalmente, esta revelación debe traer consigo una completa renovación de la mente y una transformación del carácter. El Arzobispo Templo escribió: "Una correcta relación entre oración y conducta no sostiene que la conducta es sumamente importante y la oración puede ayudarla, sino que la oración es sumamente importante y la conducta será su prueba".

Si esto es verdad en las fases preliminares de la vida espiritual, deberá serlo más notablemente en el estado final, de unión en samadhi. Logrando este estado, una persona se vuelve santa.

Como dice Patanjali:

50. La impresión que este samadhi deja en la mente, borra toda otra impresión.

Y ahora nos dice cómo dar el último paso hasta la completa

unión con Brahman:

51. Cuando hasta la impresión del samadhi es borrada, no quedando más olas de pensamiento en la mente, entonces uno entra en el samadhi llamado 'sin semillas'.

Se explicó antes como se logra el samadhi cuando sólo surge un objeto en la mente, una gran ola de concentración, por la cual todas las otras olas de pensamiento, todos los samskaras o impresiones del pasado son absorbidas. Pero ahora, hasta esta ola tiene que ser aquietada. Cuando ha sido calmada, entramos en aquel samadhi, el más elevado de todos, llamado 'nirvikalpa samadhi' en la filosofía vedanta. Se dice que nirvikalpa samadhi es sin semilla porque es absoluta pureza, conciencia indiferenciada; no contiene ninguna clase de impresiones fenomenales ni semillas de deseo y apego. Brahman no es 'un objeto de concentración'; en Brahman no hay conocedor ni conocido; Brahman como hemos visto, es pura conciencia indiferenciada; y así en nirvikalpa samadhi ya no somos nosotros; somos literalmente uno con Brahman; entramos en la real naturaleza del universo aparente y de todas sus formas y criaturas.

Es difícil seguir a Patanjali a tales alturas, aun teóricamente. Se hace conveniente aquí, recapitular lo que él nos ha enseñado en este capítulo, de una manera más simple y menos técnica.

Debemos primero entrenar la mente a concentrarse. Pero Patanjali nos ha advertido que esta práctica de concentración debe ser acompañada de desapego; caso contrario nos encontraremos con dificultades. Si tratamos de concentrarnos mientras permanecemos apegados a las cosas del mundo, fracasaremos totalmente o bien nuestros recién adquiridos poderes de concentración nos pondrán en gran peligro, porque inevitablemente los usaremos para fines egoístas y no-espirituales.

La época en que vivimos es testigo de una terrible demostración de las consecuencias de esta segunda alternativa. El hombre del siglo XX se ha concentrado en la ciencia y la técnica sin olvidar su vinculación con el poder nacionalista; y así, posee el secreto de la energía atómica, secreto que, en manos adecuadas, sería inofensivo y beneficioso para todos, pero que, en su actual estado no-regenerado, puede destruir a la humanidad. El peligro, como muchos de nuestro más serios pensadores lo han señalado, no se encuentra en la fisión del átomo, sino en la mente humana.

¿Cuál es el camino más simple para adquirir desapego por los deseos, objetos y ambiciones de este mundo? Debemos comenzar por cultivar apego a los objetos más elevados que seamos capaces de concebir: Dios mismo. Podemos hacer esto, primero en el nivel inferior, el nivel de los fenómenos densos. Tomemos, por ejemplo, un gran maestro espiritual, un Cristo, un Ramakrishna o un gran santo de algún país o religión. Estos hombres vivieron realmente sobre esta tierra en forma humana. Podemos leer libros sobre sus vidas. Podemos acercarnos a ellos como seres humanos. Es fácil llegar a amarlos; desear ser como ellos, tratar de servirlos y esparcir su mensaje modelando nuestra vida de acuerdo con su ejemplo.

Por medio de este servicio y este amor, nos llegará naturalmente el desapego hacia otros y disminuirá nuestra atracción hacia otras formas y objetos de amor. No significa que nos volveremos indiferentes hacia nuestro prójimo o hacia nuestros propios deberes, sino que nuestro amor por otros estará incluido en nuestro amor por nuestro ideal; nuestros sentimientos dejarán de ser exclusivos y posesivos y nuestro trabajo, realizado ahora como un servicio a ese Ideal, tendrá un nuevo significado y lo cumpliremos con mayor entusiasmo.

Por medio de la devoción a este ideal y la meditación sobre su vida, alcanzaremos de modo gradual la compresión del espíritu dentro del hombre; y luego pasaremos del nivel del fenómeno denso al sutil o sea al nivel espiritual. Ya no admiraremos a Cristo o a Ramakrishna como seres humanos dentro del tiempo, sino que los adoraremos como seres eternos, espirituales. Conoceremos su aspecto divino. Ese es el segundo estado.

Hay, sin embargo, un tercer estado, un tercer nivel de conciencia. Porque detrás de Cristo, detrás de Ramakrishna, detrás de toda concepción de un Dios Personal está Brahman, la Base, la Realidad central de la cual estas figuras son sólo proyecciones parciales, individuales. Cuando llegamos a unirnos con Brahman, estamos unidos con Aquello que estaba manifestado en Cristo y oculto dentro de nuestro ser no-regenerado, pero que está eternamente presente en todos nosotros. Y esta unión es el estado de nirvikalpa samadhi.

Todos los estados inferiores de samadhi contienen un vestigio del sentido de dualidad; soy todavía 'yo' quien estoy meditando sobre 'mi' Ideal; hay una separación entre ambos. Y es natural que hasta los grandes santos hallen penoso abandonar este intenso amor personal por su Ideal, para alcanzar la unión final, impersonal.

Al describir cómo alcanzó nirvikalpa samadhi, Sri Ramakrishna dice: "Cada vez que trataba de recoger toda mi mente, me encontraba cara a cara con la dichosa forma de la Divina Madre. Por más que trataba de librar mi mente de la conciencia de la Madre, no surgía en mí la voluntad para ir más allá. Pero al final, juntando toda mi fuerza de voluntad destrocé la forma de la Madre con la espada del discernimiento y de inmediato mi mente se volvió 'sin semilla' y alcancé nirvikalpa samadhi. Fue algo más allá de toda expresión".

Nirvikalpa samadhi ha sido descripto por Shankara de esta manera:

> "Hay una constante conciencia de la unidad de Atman y Brahman. Ya no queda identificación alguna del Atman con las capas que lo cubren. Todo sentido de dualidad fue borrado. Hay una conciencia pura, unificada. Se conoce al hombre bien establecido en esta conciencia como iluminado.
>
> Se dice que un hombre es libre en esta vida cuando está establecido en la iluminación. Su dicha no tiene fin. Casi llega a olvidar este mundo de apariencias.
>
> A pesar de que su mente se ha disuelto en Brahman, él está plenamente despierto, libre de la ignorancia de la vida de vigilia. Está pleno de conciencia, pero libre de todo deseo. Se dice de un hombre tal que él es libre aun en esta vida.
>
> Para él ya no existen los pesares de este mundo. Si bien posee un cuerpo transitorio, permanece unido con lo Infinito. Su corazón no conoce la ansiedad. De un hombre tal se dice que es libre en esta vida".

Una vez que ha logrado Nirvikalpa samadhi, es posible para ese ser iluminado entrar y salir de él repetidamente. Tal era el caso de Sri Ramakrishna. Estando en Nirvikalpa samadhi él experimentaba unión con Brahman, lo Impersonal. Pero al volver a la conciencia normal, hablaba de Dios bajo el aspecto de la Divina Madre, su Ideal Elegido. La Madre no perdía Su realidad para él por el hecho de haber conocido a Brahman. Es importante recordar esto porque, en nuestro idioma, la palabra 'realidad' es utilizada de una manera vaga e indefinida y puede conducirnos a confusión. Cuando decimos que sólo Brahman es real, no queremos significar que todo lo demás es ilusión, sino más bien que solamente Brahman es esencial y omnipresente.

Los aspectos de Dios, las divinas encarnaciones, tienen su propio orden de realidad relativa, así también los objetos sutiles y densos. Los materialistas, quienes se describen a sí mismos como viviendo 'con los pies en la tierra', son quienes experimentan un mundo irreal porque ellos se limitan al nivel de la percepción sensoria densa. Pero la percepción del santo iluminado recorre toda la escala, desde lo denso a lo sutil y de lo sutil a lo absoluto; y él es el único que conoce la verdadera naturaleza de este universo.

II
YOGA Y SU PRÁCTICA

1. Los pasos preliminares hacia yoga son: austeridad, estudio y dedicación de los frutos del trabajo a Dios.

Luego de dedicar el primer capítulo de sus aforismos a las metas de yoga, Patanjali comienza ahora un capítulo sobre su práctica. Los pasos preliminares hacia yoga son conocidos colectivamente como *kriya yoga*.

Las tres palabras empleadas en esta traducción: austeridad estudio y dedicación, no son muy explicativas; sus equivalentes en sánscrito tienen un marco de referencia diferente. Será necesario explicarlas más elaboradamente.

La palabra latina "austeridad" suena severa e inhóspita y, en consecuencia, presenta dos alternativas posibles: "mortificación" y "disciplina". Disciplina, para la mayoría de nosotros da la imagen de un sargento instructor; mortificación, una horrible gangrena; austeridad, un ministro de economía diciéndole al pueblo que debe consumir menos manteca. El puritanismo que ha coloreado el uso de nuestra lengua impide aquí, como en otras oportunidades, la comprensión del pensamiento hindú.

La palabra sánscrita que usa Patanjali en este aforismo es *tapas*, que significa, en un sentido primario, aquello que genera calor o energía. Tapas en yoga es la práctica de conservar energía y dirigirla hacia la unión con Atman. Es obvio que para hacer esto debemos ejercitar la auto-disciplina, controlar nuestros apetitos físicos y nuestras pasiones. Pero lo que psicológicamente confunde al Occidente acerca de las tres palabras mencionadas es que todas ellas son interpretadas bajo el aspecto doloroso y negativo de esta disciplina, en lugar de en su aspecto gozoso y positivo: que es el logro supremo de tal disciplina.

Acentuar el aspecto negativo de la auto-disciplina es contribuir a la vasta propaganda indirecta hecha en nuestra sociedad, contra la vida espiritual. La mayoría cuando se refiere a las disciplinas y austeridades de un monje, lo hace con un sentimiento de rechazo y horror: consideran que esa clase de vida es antinatural. Y aun así, esas mismas personas no consideran antinatural ni terrible el hecho de que un joven se someta a austeridades igualmente drásticas con el fin de entrenarse para un encuentro de box o una carrera. El motivo de esto es que todo el mundo comprende el por qué se busca ganar un encuentro de box. El por qué uno debe desear hallar a Dios es más sutil.

La austeridad por la austeridad en sí, fácilmente degenera en un culto perverso de auto-tortura que encierra además otro peligro: que el fin sea olvidado en un exagerado cultivo de los medios. En Oriente y también en Occidente, hallamos muchos exponentes de tales prácticas con sus cilicios, flagelos y lechos de clavos. En el *Bhagavad Guita*, Sri Krishna condena explícitamente tales prácticas: "Sabe que son de naturaleza demoníaca aquellos hombres que mortifican excesivamente el cuerpo de una manera no prescripta por las Escrituras. Hacen esto porque su concupiscencia y apego a los objetos de los sentidos los han llenado de egotismo y vanidad... En su insensatez, ellos debilitan sus órganos de los sentidos y me mortifican a Mí, el morador del cuerpo".

Sri Krishna, al igual que Buda, aconseja la moderación: "Yoga no es para el hombre que come en exceso ni para aquel que ayuna exageradamente, Tampoco para el que duerme demasiado ni para el que guarda una excesiva vigilia. Que el hombre sea moderado en el comer y en el esparcimiento; moderadamente activo; moderado en el sueño y en el estado de vigilia".

En otro capítulo del Guita se definen las tres clases de austeridad: "Reverencia a los iluminados, los maestros, los sabios; sinceridad, no dañar, limpieza del cuerpo y pureza sexual. Éstas son las virtudes cuya práctica se llama austeridad del cuerpo. Hablar sin causar preocupación a otros, ser veraz, decir siempre lo que es amable y beneficioso y estudiar regularmente las escrituras, esta práctica se llama austeridad del habla. La práctica de serenidad, simpatía, meditación sobre el Atman, retirar la mente de los objetos de los sentidos e integridad de intención, se llama austeridad de la mente".

La verdadera austeridad, según la comprensión Hindú del término, no es un proceso de fanático auto-castigo sino de un tranquilo y sano auto-control. No tenemos un cuerpo para castigarlo brutalmente y destrozarlo, sino para manejarlo firmemente y con toda consideración, de la misma manera que un hombre domina a un caballo. Esta es la imagen empleada por el autor del Katha Upanishad: "Los sentidos", dice el sabio, "son los caballos; los caminos que ellos transitan constituyen la confusión del deseo... Cuando un hombre carece de discernimiento y su mente no tiene control, sus sentidos son como potros indomables. Pero cuando el hombre por la práctica del discernimiento ha puesto su mente bajo control, sus sentidos, como los mansos caballos de un cochero, fácilmente obedecen a las riendas... El hombre que tiene por auriga una sólida comprensión y por riendas una mente controlada, ese hombre llega a destino".

La práctica de austeridad en el sentido de la palabra sánscrita tapas puede también incluir la práctica de ritos diarios; si usado en este sentido, se deben distinguir los conceptos sobre ritos cristianos de los conceptos hindúes.

Aparte de los Quákeros que excluyen completamente la liturgia y de ciertas sectas Protestantes que le restan importancia, se podría decir que los cristianos consideran sus diversas ceremonias rituales como sacramentos, es decir, intrínsecamente beneficiosos y absolutamente necesarios. Siendo sacramentos, sus ritos sólo pueden ser oficiados por sacerdotes o ministros ordenados y la participación en los mismos es considerada, al menos por los católicos, vital para la salud espiritual y la salvación de uno mismo.

Para los hindúes, por otra parte, los ritos son simplemente manifestaciones de devoción y ayuda para la meditación y pueden ser oficiados por quien quiera hacerlo en su propio hogar. Estos cultos son de valiosa ayuda, especialmente para los principiantes, pero no son de manera alguna indispensables. Si usted quiere, puede acercarse a Dios por medio de otros senderos; todo dependerá del temperamento individual. Ningún maestro hindú esperará que *todos* sus discípulos usen éste único medio para llegar a Dios.

El rito hindú más parecido a la Misa o Cena del Señor, es extremadamente complicado y su ejecución requiere una casi ininterrumpida atención. Por esta razón, es un excelente entrenamiento para la mente vagabunda del principiante. Cada acto sucesivo recuerda a la mente el pensamiento que está detrás del acto. Esto lo mantiene demasiado ocupado como para pensar en otra cosa. Pensamiento y acción; acción y pensamiento, forman una continua cadena; resulta asombroso comprobar el comparativamente elevado grado de concentración que se logra desde el comienzo mismo. Además, el ritual da un sentido de servir a Dios de una manera humilde a la vez que íntima y directa.

"Es de vital importancia", dice Swami Brahmananda, "que un hombre comience su viaje espiritual donde se encuentra.

Si a una persona común se le pide que medite sobre su unión con el absoluto Brahman, no comprenderá nada, no captará la verdad, ni podrá cumplir con las instrucciones. Pero si a ese mismo hombre se le pide que adore a Dios con flores, incienso y otros accesorios de la adoración ritualista, su mente se concentrará gradualmente en Dios y sentirá dicha en su adoración".

'Estudio' en el contexto de este aforismo, significa estudio de las Escrituras y de otros libros que tratan sobre la vida espiritual. Se refiere también a la práctica de yapa, la repetición del nombre de Dios (ver I, 28).

La dedicación de los frutos de nuestro trabajo a Dios es un ejercicio espiritual de vital importancia, especialmente para aquellos que se ven impulsados por sus deberes a llevar una vida activa. Esto es conocido como *karma yoga*, el sendero de la unión con Dios a través de la ofrenda de toda acción.

Por medio de karma yoga, toda la vida del devoto se convierte en culto continuo, dado que cada acción es realizada como una devota ofrenda a Dios y nunca con la esperanza de conseguir algo personal. Resulta innecesario decir que las acciones hechas con este espíritu deben ser acciones correctas, jamás debemos ofrecer a Dios una acción que nos parezca incorrecta en ese momento y estado particular de nuestra evolución. Y debemos trabajar siempre al máximo de nuestras capacidades, ofreciendo siempre lo mejor.

Dedicar los frutos de nuestro trabajo a Dios es trabajar sin apego. Habiendo hecho lo que consideramos mejor, no debemos desesperarnos sí nuestro trabajo ha resultado decepcionante o si es duramente criticado o despreciado. Por lo mismo, no debemos dar cabida al orgullo ni a la vanidad si los resultados de nuestro trabajo han tenido éxito y ganado el elogio popular. En ese caso, sólo debemos ser conscientes de que hemos hecho lo mejor y ese conocimiento ha de ser nuestra única legítima recompensa.

Todos los hombres y mujeres de genuina grandeza e integridad personal cumplen con sus deberes con este espíritu –aun si son ateos declarados–, porque es su deber hacerlo así. Pero si ellos carecen de devoción a Dios, si su objetivo está dentro del tiempo y del mundo material, será casi imposible que no caigan en la desesperación cuando vean su causa aparentemente derrotada y el trabajo de toda una vida reducido a la nada. Solamente el devoto de karma yoga es quien nunca caerá en la desesperación porque sólo él es capaz del absoluto no apego a los frutos de la acción.

Se ha dicho con anterioridad –y lo repetimos constantemente– que no apegarse no significa ser indiferente y nada tiene que ver con el fatalismo. El fatalista es, sin excepción, descuidado en su trabajo. ¡Qué importa si él se esmere o no! Lo que tiene que llegar llegará de todas maneras. Los críticos, que son muchos, quienes desprecian la filosofía hindú considerándola 'fatalista', demuestran una completa falta de comprensión del espíritu de karma yoga. La actitud fatalista hacia los resultados de su trabajo es de indiferencia nacida de la debilidad, la pereza o la cobardía. Si por algún golpe de fortuna ellos gana un poco de inmerecido éxito, su fatalismo desaparecerá en un segundo. No agradecerán al "destino" por su buena fortuna; por el contrario, proclamará al mundo entero lo bien que trabajaron por su objetivo y que merecida a sido la recompensa recibida.

2. Por lo tanto debemos cultivar el poder de concentración y quitar los obstáculos para la iluminación, que son la causa de todos nuestros sufrimientos.

3. Estos obstáculos son: ignorancia, egoísmo, apego, aversión y el deseo de aferrarse a la vida.

4. La ignorancia crea todos los otros obstáculos. Estos pueden existir en forma potencial o atrofiada; pueden haber sido vencidos temporalmente o estar plenamente desarrollados.

Austeridad, estudio y dedicación de los frutos de nuestro trabajo a Dios son, como hemos visto en el aforismo anterior, los tres pasos preliminares hacia ese poder de concentración que hace posible el estado de perfecta unión o yoga. Estos pasos preliminares tienen también otro valor importante: son los medios para quitar los obstáculos para la concentración e iluminación que existen dentro de nuestra mente.

La palabra 'obstáculo' es digna de atención dado que la interpretación hindú difiere de la cristiana. Cuando un cristiano habla de 'pecado' se refiere, por lo general, a un acto de desobediencia o ingratitud hacia Dios. Por 'Dios' él quiere significar Dios el Padre, la realidad tal como aparece dentro de tiempo y espacio en el aspecto de Origen y Creador del universo, a quien los hindúes llaman Ishwara (ver I , 29).

Cuando Patanjali habla de 'obstáculo' se refiere más bien al efecto que sigue a tal acto; el polvo de ignorancia que se levanta, oscureciendo la luz del Atman en nuestro interior. Es decir, el pensamiento cristiano pone énfasis en la ofensa contra Ishwara –quien no es otro que nosotros mismos–, mientras que el pensamiento hindú pone énfasis en la ofensa contra nuestra propia naturaleza, que es el Atman.

La diferencia no es fundamental, pero es importante. El valor del acercamiento cristiano es que exalta nuestro sentido del significado y enormidad del pecado, relacionándolo con el Ser a quien tenemos toda la razón de amar y obedecer, nuestro Creador y nuestro Padre. El valor del acercamiento hindú es que presenta las consecuencias del pecado en su aspecto esencial, destacando que éste nos separa de la Realidad interior.

Ambos enfoques tienen sus peligros característicos si no son debidamente comprendidos. El riesgo en el punto de vista hindú yace en nuestra incapacidad psicológica para imaginar al Atman en la manera que imaginamos a Ishwara.

Es fácil sentir contrición por una ofensa contra Ishwara y resolver –por lo menos momentáneamente– no repetirlo. En cambio la ofensa de levantar obstáculos contra el auto-luminoso Atman no es tan directa e inmediatamente evidente porque estamos perpetuamente cayendo en el error de identificar el Atman con nuestro ego. Por ejemplo, decimos de un alcohólico o de un drogadicto, con cierta condescendencia y hasta con una nota afectuosa: "el se hace mal a sí mismo y a nadie más", sin realizar cuán trágica es nuestra declaración. De vez en cuando, un sentido de separación de la Base y Refugio de nuestro ser se presenta ante nosotros como una enorme ola de vileza. ("¡Qué lejos estás Tú de mi, quien estoy tan cerca de Ti!", clamaba un gran santo).

El hindú, por lo tanto, debe estar bien alerta y no tomar los pecados con tanta ligereza y reincidir en el error de un cómodo optimismo basado en la doctrina de la reencarnación. Él debe cuidarse de no pensar: "después de todo, en realidad soy el Atman y tengo millones de vidas por delante, tantas como quiera. Tarde o temprano me dedicaré a conocer mi verdadera naturaleza. ¿Qué apuro hay?". Ésta es, precisamente, la actitud que San Agustín condena en sus *Confesiones*: "Yo, joven miserable Te he suplicado por castidad, diciendo: 'Concédeme castidad y continencia... ¡pero no todavía!'".

El riesgo que reside en el acercamiento cristiano es exactamente opuesto al hindú. El cristiano siendo predominantemente dualista, pone énfasis en la importancia de Ishwara y resta importancia a la realidad del morador interno, el Atman, del cual Ishwara es la proyección. El valor de esta forma de pensamiento es que nos enseña devoción a Dios; la desventaja reside en que puede inclinarnos a la exageración de nuestro propio aborrecimiento y a una impotente desesperación. ¡Dios el Padre inspira tanto temor y es tan justo: Cristo es tan puro y perfecto!... y nosotros somos unos pecadores sin remedio.

Y así, reincidimos y descendemos a la más baja condición del egoísmo identificándonos con nuestras propias debilidades y sintiendo que no tenemos escapatoria. Nos revolcamos en el lodo de la culpa, olvidando nuestra divina naturaleza y nuestro deber de luchar hacia el auto-conocimiento. Aquí Patanjali puede ayudar al cristiano obsesionado por el pecado. Porque su palabra "obstáculo" es una palabra apta, precisa y desprovista de todo sentimentalismo, que inmediatamente abre un camino de acción positiva, instándonos: "no permanezcas bajo los obstáculos y te lamentes de ti mismo, ponte a trabajar para quitarlos".

El uso de la palabra pecado es mal interpretado también por otro motivo. Pecado es solamente una mitad del concepto; debe ser completado por el de castigo. Lamentablemente esto es así porque en el mundo relativo muchos pecados parecerían quedar sin castigo. De allí surge el mortal engaño de que Dios puede ser burlado; que uno puede, de vez en cuando, "salirse con la suya". La literatura cristiana hace oír su voz lamentándose de que los perversos abundan como hongos y que no se hace nada al respecto. Y así recurre la gente a las fantasías supersticiosas de que los terremotos, inundaciones y hambrunas son deliberados castigos de Dios para actos pecaminosos colectivos. Hasta se llega a pensar en la Justicia Divina como en algo impredecible o aleatorio, lo que es, por cierto, completamente injusto.

El uso de la palabra 'obstáculo' suprime tal errónea interpretación en un instante. Aclara toda posible confusión de castigo espiritual mediante los castigos impuestos por la naturaleza o por el hombre. Si alguien comete un crimen, probablemente, pero no con seguridad, será arrestado. Si se levanta una ciudad sin construcción anti-sísmica, si no se mantienen las represas y se abandonan los campos de cultivo, probablemente, pero no con certeza, vendrán terremotos, inundaciones o hambrunas. Eso nada tiene que ver con las consecuencias espirituales del pecado.

El pecado tiene una sola consecuencia espiritual la cual es invariable e imposible de evitar, crea un obstáculo a la iluminación –grande o pequeño, de acuerdo con su magnitud– y este obstáculo es el propio castigo, automático y autónomo, la separación del Atman, la identificación con el ego y el sufrimiento que resulta de ello. Puede que este castigo no sea evidente para nosotros en el momento en que incurrimos en la falta, pero no podemos, de ninguna manera, escapar de sus efectos.

Si juzgamos nuestros pensamientos y acciones desde el punto de vista de Patanjali, preguntándonos: "¿Esto agrega o disminuye los obstáculos para mi iluminación?". Evitaremos el error de imaginar que los pecados son actos definitivos de un valor fijo absoluto que pueden ser clasificados y enumerados. No es así. Lo que es indebido para una persona puede ser correcto para otra, como enseña el *Guita*. Cada uno de nosotros tiene sus propios pecados y sus propias virtudes relacionadas con sus deberes, responsabilidades y actual condición espiritual. Todo lo que podemos hacer es explorar nuestra propia conciencia y tratar de relacionar los motivos de cada ocasión particular con el motivo central de nuestras vidas. Dificultades de comportamiento surgirán, cometeremos innumerables errores y lo máximo que podemos esperar es que nuestra intención subyacente esté bien encaminada.

Patanjali nos enseña a considerar nuestros pecados con cierto objetivismo científico, evitando los dos extremos de tolerancia indolente y de disgusto inútil. El cirujano no tolera un cáncer; lo extirpa de raíz y entonces no retrocede ni tiembla horrorizado; sino que lo estudia, trata de comprender cómo se ha desarrollado y de qué manera se podría evitar un nuevo tumor.

Nosotros no pecamos por pura maldad o por simple debilidad moral. Nuestros pecados tienen un significado y un propósito que deberemos comprender antes de poder tener la esperanza de no repetirlos. En realidad, son síntomas del dolor de la separación de nuestra real naturaleza, el Atman. Son intentos por reconciliarnos con aquella naturaleza. Tales intentos son irremediablemente mal dirigidos porque tienen como punto de partida la ignorancia del egoísmo. Por lo tanto, están fatalmente obligados a conducirnos más y más lejos de la Realidad.

Todos nosotros estamos oscuramente conscientes de la presencia del Atman dentro nuestro. Todos buscamos la paz, la libertad y la seguridad de la perfecta unión con el Atman. Todos anhelamos desesperadamente ser felices, pero la ignorancia nos conduce por caminos erróneos; nos asegura que el Atman no puede estar dentro de nosotros; que no somos más que individuos, egos separados. Y así comenzamos la búsqueda de ese algo oscuramente concebido, esa eterna felicidad en medio del fenómeno finito y transitorio del mundo externo. Como el ciervo almizclero de la fábula, buscamos por todo el mundo aquella misteriosa fragancia que nos obsesiona, y que realmente surge de nosotros mismos. Andamos a los tropiezos, nos causamos grandes daños, soportamos tremendas privaciones sin fin, pero nunca miramos al lugar debido.

El tirano que esclaviza a millones de seres; el avaro que acumula miles de veces más de lo que podría necesitar; el traidor que traiciona a su mejor amigo; el criminal, el ladrón, el embustero y el adicto, todos éstos, lo que finalmente quieren es simplemente sentirse seguros, felices y en paz. Buscamos seguridad en la acumulación de bienes, por la violencia, el fraude o por la destrucción de supuestos enemigos.

Buscamos felicidad a través de la gratificación de los sentidos, por medio de toda clase de vanidad e infatuación. Buscamos paz por medio de la embriaguez de diversas drogas. Y en todas estas actividades desplegamos una energía de proporciones heroicas. Tal es la tragedia del pecado. Es una energía trágicamente mal dirigida. Con menos esfuerzo podríamos fácilmente haber encontrado la unión con el Atman si no hubiéramos sido mal encaminados por nuestra ignorancia.

La ignorancia –dice Patanjali – crea todos los otros obstáculos a la iluminación (sobre esto habla más extensamente en los próximos aforismos). Son los samskaras, las poderosas tendencias que anteriormente fueron explicadas (I. 2). Estas tendencias nos arrastranm haciéndonos reincidir en acciones pecaminosas o levantando obstáculos. Es así que los obstáculos crecen automáticamente por medio del poder del deseo, del orgullo, de la ira y el temor.

El *Guita* describe este proceso:

Pensando en los objetos sensorios te apegas a ellos;
Creciendo el apego te vuelves adicto;
De la adicción frustrada nace la ira,
Volviéndote iracundo confundes a la mente;
Confundiendo a la mente olvidas la lección de la experiencia;
Olvidando la experiencia pierdes la discriminación;
Perdiendo la discriminación malogras el único propósito de la vida.

Los obstáculos están presentes, hasta cierto grado, en la mente de todos los que no han alcanzado el más elevado samadhi, la completa unión con el Atman. Patanjali clasifica cuatro grados de ignorancia, a saber:

Los obstáculos pueden ser potenciales; como en los niños, cuyas tendencias ya existentes se manifestarán más adelante. Sucede en el caso de aquellos yoguis que fracasan en su intento de concentrarse sin apego y por lo tanto se sumergen en las fuerzas de la Naturaleza (I.19) Cuando vuelven a esta vida mortal se enfrentan con aquellos obstáculos que les causaron su caída original.

Luego están los aspirantes espirituales cuyas mentes todavía contiene obstáculos para la iluminación, pero sólo en forma de vestigios. Sus samskaras continúan trabajando por el impulso de pasados karmas, pero su poder ha disminuido notablemente y los mismos no representan peligro serio, siempre que el aspirante se ponga en guardia contra ellos.

También los obstáculos, o al menos un grupo de ellos, pueden haber sido temporalmente vencidos por medio de virtudes y de pensamientos que tienen el poder de eclipsar la ignorancia. Si perseveramos en cultivar tales pensamientos y virtudes, paulatinamente reduciremos los obstáculos a la forma de vestigios, como acabamos de describirlo.

Finalmente, los obstáculos pueden estar presentes en un estado de pleno desarrollo. Esta es la condición trágica y normal de toda la gente mundana común.

5. Considerar lo no-eterno como eterno; lo impuro como puro; lo doloroso como placentero y el no-Ser como el Ser (Atman), es ignorancia.

6. Identificar la conciencia con aquello que simplemente refleja la conciencia es egoísmo.

Patanjali define a la ignorancia como una falsa identificación. Es una errónea comprensión de nuestra real naturaleza. Si alguien dice: "soy este cuerpo llamado Patanjali" estará considerando al no-Atman como al Atman. Y este acto inicial de ignorancia lo conducirá automática e instantáneamente a millones de actos similares. Al negar al Atman dentro de nosotros, estamos negándolo en todas partes. Malinterpretamos la Naturaleza; moramos en lo exterior de las cosas y vemos al universo como multiplicidad, no como unidad.

Dicha pura y paz eterna se encuentran solamente en la unión con el Atman. Nuestra ignorancia nos priva de esa unión, pero el oscuro y confuso anhelo por la felicidad permanece. Así, somos impulsados a buscarla en el mundo exterior. Nos vemos forzados a aceptar miserables substitutos y a tratar de persuadirnos que son genuinos y válidos. En lugar de aspirar a lo eterno nos aferramos a lo que aparece como relativamente duradero. En lugar de pureza, valoramos lo que aparenta ser relativamente puro. En vez de real felicidad nos adherimos a lo que parece momentáneamente agradable. Pero, ¡ay!, nuestra satisfacción dura muy poco. La más sólida torre cae, la flor más bella se marchita en nuestras manos, el agua más pura se vuelve salobre y contaminada. La ignorancia nos ha traicionado, como siempre. Aun así, cuando con tristeza nos alejamos, nuestros ojos recaen sobre un nuevo objeto de deseo y apego sensorio. Y así continúa la desesperanzada búsqueda.

El acto central de la ignorancia radica en identificar al autoconsciente Atman con la mente y el cuerpo, 'que sólo reflejan la conciencia'. Así define Patanjali al egoísmo.

"¿Obedeciendo a quién la mente piensa?", pregunta el Kena Upanishad: "¿Quién ordena al cuerpo que viva? ¿Quién hace que la lengua hable? ¿Quién es aquel luminoso Ser que dirige el ojo hacia el color y el oído hacia el sonido? El Atman es el oído del oído, la mente de la mente, el habla del habla. Él es también el aliento del aliento y el ojo del ojo. Habiendo abandonado la falsa identificación del Atman con los sentidos y la mente y sabiendo que es Brahman el sabio se vuelve inmortal".

La filosofía occidental a generado dos escuelas de pensamiento con respecto al problema de la conciencia: la materialista y la idealista. La escuela materialista sostenía que la conciencia es un producto en proceso, el cual surge cuando se dan ciertas condiciones y se pierde cuando tales condiciones no existen más. Así, de acuerdo con los filósofos materialistas, conciencia no es propiedad de una sola sustancia. Los idealistas, por otra parte, creían que la conciencia es propiedad de la mente y por lo tanto, se enfrentaron con la conclusión de que la conciencia debe cesar cada vez que la mente se vuelve inconsciente.

Los modernos hombres de ciencia parecerían inclinarse hacia el rechazo de ambas hipótesis mencionadas, en la creencia de que la conciencia está siempre presente en todas partes del universo, aun cuando su presencia no pueda ser siempre detectada por medios científicos. En esto, ellos se acercan al punto de vista que Vedanta propone; de hecho, distinguidos hombres de ciencia y escritores científicos han sido conducidos por sus reflexiones al estudio de la filosofía hindú. Por ejemplo, Edwin Schrodinger en su libro *What is life?* (*¿Qué es la vida?*), escribe lo siguiente:

"La conciencia no se experimenta en plural, sólo en singular... ¿Cómo surge la idea de pluralidad (tan enfáticamente rebatida por los Upanishads)? La conciencia se halla íntimamente conectada con, y dependiente de, el estado físico de una limitada sección de materia: el cuerpo... Ahora, existe una gran pluralidad de cuerpos similares; de allí que la pluralización de la conciencia o de las mentes pareciera una hipótesis muy atrayente. Probablemente aceptada por las mentes simples así como también por la vasta mayoría de filósofos occidentales... La única alternativa posible es mantener la experiencia inmediata de que la conciencia es un singular cuyo plural es desconocido; que sólo existe *una* cosa, y que esa, que pareciera ser una pluralidad, es meramente una serie de aspectos diferentes de esa misma cosa, producida por ilusión (la Maya hindú); la misma ilusión que se produce en una galería de espejos; y de la misma manera en que Gaurisankar y Mt. Everest terminaron siendo el mismo pico visto desde diferentes valles...

Sin embargo, cada uno de nosotros tiene la indiscutida

impresión de que la suma total de su memoria y experiencia forma una unidad, bastante distinta de la de otra persona. Nos referimos a esto como 'yo'. ¿*Qué es ese yo?*

Si usted lo analiza de cerca, encontrará, creo, que éste es sólo un poquito más que una colección de datos (recuerdos y experiencias), concretamente el lienzo *en el que* fueron impresos. Y usted descubrirá, por introspección profunda, que lo que realmente quiere significar por 'yo' es esa base sobre la cual las impresiones fueron recogidas. Usted puede radicarse en un país distante, perdiendo todos sus amigos, olvidándolos; usted se hará de nuevos amigos y compartirá su vida con ellos tan intensamente como lo había hecho con los otros. Menos y menos importante será el hecho de que mientras vive su nueva vida todavía recuerda a sus viejos amigos. Quizás se encontrará refiriéndose a usted mismo en tercera persona o como 'el joven que fui', aun cuando el protagonista de la novela que está leyendo sea cercano a su corazón, ciertamente intensamente vivo y conocido para usted. Y todo esto sin que se haya producido ningún corte en el medio, ninguna muerte. Y aun si un eximio hipnotizador consigue borrar todas sus reminiscencias, usted encontrará que el no ha matado su 'yo'. En ningún caso habrá una perdida de existencia personal que lamentar".

7. Apego es la morada del placer.

8. Aversión es la morada de la aflicción.
Ambos son obstáculos para la iluminación y hasta para el relativo conocimiento de una persona u objeto. Es imposible tener una visión imparcial, desapasionada, del carácter de aquellas personas a las cuales estamos ciegamente apegadas o

a quienes consideramos con desagradable aversión. El aspirante espiritual no debe amar en demasía las cosas de este mundo, pero tampoco aborrecerlas. La aversión también es una forma de ligadura. Estamos atados a lo que aborrecemos o tememos. Es por ello que en nuestra vida el mismo problema, el mismo peligro o dificultad se presentará una y otra vez bajo diferentes aspectos, hasta tanto continuemos presentándole resistencia o huyéndole en lugar de examinarlo y resolverlo.

9. El deseo de aferrarse a la vida es propio tanto del ignorante como del erudito. Esto es porque la mente retiene impresiones de la experiencia de la muerte de muchos nacimientos previos.

La doctrina de la reencarnación es, por supuesto, común al hinduismo y al budismo; fue sostenida, aunque finalmente rechazada, por los primeros cristianos. Ya se ha hecho referencia a la teoría de la reencarnación (I. 2, 18, 19), pero ahora lo discutiremos más ampliamente.

Prakriti ha sido definida (I.7) como el efecto o el poder de Brahman, la Realidad. En otras palabras, esta ilusión (en sánscrito: *maya*) de un universo espacio-temporal objetivo, es proyectado por la Realidad misma. Por lo tanto, se deduce que Prakriti y Brahman deben ser coexistentes y que Prakriti, al igual que Brahman, no tuvo principio ni tendrá fin. Prakriti continuará tejiendo la tela de un universo, absorbiendo esa tela en sí misma; tejiendo nuevamente la tela, una y otra vez y así indefinidamente por siempre jamás.

Al mismo tiempo, dentro del universo se encuentra funcionando otro proceso, porque está en la naturaleza del sentido de ego individual luchar lentamente hacia arriba, hacia la auto-realización, desde lo inanimado a lo animado, de lo vegetal a lo animal, de lo animal a lo humano a través de miles y hasta millones de nacimientos. El Atman está dentro de la piedra en no menor medida que dentro del hombre. Pero la piedra jamás puede conocerse como el Atman mientras permanezca como piedra. Debe evolucionar a través de formas más elevadas hasta que finalmente alcanza el estado humano; es solamente dentro de la mente y cuerpo humanos que el ego individual puede conocer su real naturaleza y así ser liberado del ciclo de la reencarnación.

A través de este largo viaje hacia la conciencia total, el individuo está sujeto a la Ley de Karma. Sus deseos y acciones regulan la velocidad de su progreso. Él construye o destruye sus propios obstáculos hacia la iluminación. Su estado actual está continuamente condicionado por su karma pasado y constantemente generando futuro karma. La muerte no interrumpe este proceso y tampoco el renacimiento. El individuo renace simplemente con un cuerpo, una mente, un carácter y un medio ambiente social que expresa, por así decir, la suma total de su balance kármico en ese particular momento dentro del tiempo.

La doctrina de la reencarnación es rechazada por muchos porque los hace directamente responsables de la condición en la que se encuentran. A todos nos disgusta tener que enfrentar esta responsabilidad y algunos prefieren culpar a Dios o a sus padres o al sistema político existente por lo que son. Si negamos la reencarnación y decimos que este nacimiento es el primero, estamos en realidad, negando responsabilidad por nuestra condición; de lo cual lógicamente se deduce que esta condición debe haber sido ordenada por Dios o bien producida por las influencias hereditarias o del medio ambiente. En consecuencia, si hemos nacido física o económicamente menesterosos, viviremos con un permanente sentimiento de injusticia que nos inducirá a pasar toda la vida malhumorados, maldiciendo nuestro destino y con una excusa permanente para nuestras propias debilidades y fracasos.

Esta doctrina de reencarnación que a primera vista parece tan inflexible y despiadada, en realidad implica una creencia profundamente optimista en la justicia y orden del universo. Si somos nosotros –y no Dios o nuestros padres o nuestros semejantes– quienes han creado nuestra presente situación, entonces nosotros podremos cambiarla. No tenemos excusas para sentir lástima de nosotros mismos ni para desesperarnos. No estamos irremediablemente condenados. No estamos bajo una misteriosa maldición prenatal. "La falta, querido Bruto, no está en nuestros astros...". Todo lo que necesitamos es valor y una firme determinación para no abandonar la lucha.

A veces las funciones de la Ley de Karma son bastante obvias para nosotros, retrospectivamente al menos. Podemos ver, mirando hacia atrás en nuestras vidas, cómo cierta tendencia en nuestro carácter ha producido la misma situación una y otra vez, bajo diversas circunstancias. Esto ciertamente nos hará sospechar de que el karma también actúa en aquellas áreas de experiencia que aparentemente son regidas por la casualidad. Y, en realidad, la ciencia continúa encontrando nuevos hilos de causa y efecto en medio del enredo aparente de la vida.

Por ejemplo, los psicólogos ahora nos dicen que muchos 'accidentes' no son en absoluto accidentales, sino una afirmación de un deseo subconsciente de evitar algún problema o situación desagradable, aun a costa de romperse un brazo o una pierna. De igual forma, los síntomas genuinos de una enfermedad física pueden aparecer como el resultado directo de una tensión emocional y no por la mala suerte de 'pescar un germen' como se suponía previamente.

En el aforismo anterior Patanjali no solamente afirma su creencia en la reencarnación, sino que también por inferencia ofrece una prueba de ello. ¿Cómo es posible que temamos tanto a la muerte si no la hemos experimentado previamente?

A una gallina se le hace empollar huevos de pato en una granja donde no hay patos adultos, tan pronto como los patitos salen del cascarón, corren en busca de agua y comienzan a nadar. ¿Quién les enseñó a hacer esto? Con seguridad, no su madre la gallina. Viéndoles en el agua, la gallina comienza a cloquear desesperadamente pensando que los pequeños se ahogarán. Decimos que los patitos saben nadar 'por instinto'. También por instinto es que nosotros tememos a la muerte.

Ahora bien, ¿qué es instinto? De acuerdo con un diccionario Americano actual, instinto es 'un modelo innato de respuesta y actividad común a una determinada categoría biológica'. De acuerdo con los filósofos de yoga es una 'razón intrínseca', esto es, experiencia que se ha vuelto subconsciente. Ambas definiciones concuerdan en postular la *memoria* de una experiencia como una memoria que es o bien transmitida por herencia a través de una especie o bien llevada por un individuo a través de una serie de nacimientos.

Las escuelas que favorecen la idea de herencia, por supuesto, niegan la reencarnación. La filosofía yoga la reconcilia con la herencia diciendo que el individuo, al ser obligado por sus karmas a encarnar en la forma de un pato, debe por lo tanto 'heredar' los atributos del pato, incluyendo el conocimiento de nadar. Así, la palabra 'instinto'no nos ayuda mucho, en ningún caso, para explicar el temor del hombre a la muerte.

Puede objetarse también que esta "prueba" de la reencarnación (Patanjali va a agregar otras más adelante) no resulta satisfactoria por otra razón: ¿por qué habría nuestro temor a la muerte de depender *necesariamente* del recuerdo de una experiencia? Supongamos que no hayamos tenido una experiencia previa de la muerte, ¿no la convertiría esto en algo aún más temido? ¿Es que existe algo más terrible que lo desconocido? "¡Ay!, morir...", exclama Shakespeare en la voz de Claudio, "...e ir a lo desconocido!".

Esta, sin embargo, no es la respuesta total. Y quizás la prueba de la reencarnación de Patanjali, por medio de la memoria de la experiencia de la muerte esté, después de todo, justificada.

Dice el *Brihadaranyaka Upanishad*:

"Hay dos estados para el hombre: el estado en este mundo y el estado en el próximo; existe también un tercer estado, el estado intermedio entre estos dos, que puede ser comparado al sueño. Estando en el estado intermedio, un hombre experimenta los otros dos estados: el de este mundo y el del próximo; y esta es la manera en que esto sucede: cuando él muere, vive solamente en el cuerpo sutil, sobre el cual han quedado las impresiones de sus acciones pasadas y de estas impresiones él es consciente, iluminadas como están por la luz del Ser. La luz pura del Ser le proporciona a él luz. Y así es que en el estado intermedio él experimenta el primer estado o el de la vida en el mundo. Además, mientras está en el estado intermedio, él ve tanto los males como las bendiciones que le sobrevendrán, dado que estos están determinados por su conducta, buena o mala sobre la tierra y por el carácter resultante de esta conducta. Es así que en el estado intermedio él experimenta el segundo estado, o aquel de la vida en el mundo por venir".

El estado intermedio es, según esta definición, una especie de lúcido intervalo post-mortem, durante el cual un individuo reflexiona en sí mismo y se ve impulsado a revisar sus acciones pasadas junto con las consecuencias que ahora, inevitablemente, deberán producirse en su próximo nacimiento sobre esta tierra o en cualquier otro lugar. A la clara e inexorable luz del Atman, del cual aún se encuentra separado, él ve lo que ha hecho de sí mismo. Es obvio decir, que para la mayoría de nosotros, esta experiencia no dejará de ser amarga, humillante y dolorosa. En un momento tal, con seguridad sentiremos vergüenza, horror y remordimiento con una intensidad que jamás antes imaginamos durante nuestra vida en el cuerpo.

Si, por lo tanto, usamos la expresión "experiencia de la muerte", incluyendo la experiencia de este estado intermedio entre muerte y renacimiento, es fácil comprender por qué una memoria subconsciente de ello nos llenaría de un terror instintivo, un terror más grande aún que el de lo desconocido. Solamente un santo iluminado puede estar absolutamente libre del temor a la muerte porque para él este estado intermedio no está más en su destino. Aquí, en la tierra, él ya "ha muerto" a la vida de los sentidos. Y a medida que el hombre crece en santidad, su temor a la muerte va disminuyendo. Esto parecería apoyar la prueba de la reencarnación que Patanjali nos brinda.

De todas maneras, cualquiera sea su origen, el deseo de posponer la muerte y aferrarnos a la vida es ciertamente uno de los más grandes obstáculos para la iluminación. Aferrarse a la vida significa adherirse a la conciencia sensoria normal y por lo tanto huir de la conciencia suprema interior, donde el Atman es conocido.

10. Cuando estos obstáculos quedan reducidos a vestigios, pueden ser destruidos llevando la mente a su causa primaria.

11. En su forma totalmente desarrollada estos pueden ser vencidos por medio de la meditación.

Posiblemente resulte más simple considerar estos dos aforismos en distinto orden, dado que los obstáculos para la iluminación deben, en primer lugar, ser vencidos en su forma densa o en su forma desarrollada (ver II. 4). Esto puede hacerse de manera similar al proceso de lavado de una tela sucia. Primero se la enjabonará, luego podrá ser enjuagada con agua limpia. Aquí se entiende por 'jabón' a la práctica de los "pasos preliminares de yoga": austeridad, estudio y el ofrecer los frutos del trabajo a Dios (todo lo cual ha sido discutido en el primer aforismo de este capítulo). El 'agua' representa la práctica de la meditación. Ambos son indispensables cuando la 'tela' de la mente debe ser purificada. Un proceso no será efectivo sin el otro.

Cuando los obstáculos en su forma plenamente desarrollada han sido vencidos, quedarán todavía vestigios en forma de tendencias (samskaras).

Estas tendencias son únicamente destruidas cuando la mente es llevada de vuelta a su causa, es decir a Prakriti, de la cual fue proyectada. Éste es, por cierto, el proceso de entrar en samadhi (ver I. 41-51).

12. Las tendencias latentes en el hombre han sido creadas por acciones y pensamientos del pasado. Estas tendencias darán sus frutos, tanto en esta vida como en las vidas futuras.

13. Mientras exista la causa habrá frutos tales como el renacimiento, una vida larga o corta y las experiencias de placer y dolor.

14. Las experiencias de placer y de dolor son los frutos de mérito y demérito respectivamente.

15. Pero el hombre de discernimiento espiritual considera a estas experiencias igualmente dolorosas. Porque hasta el gozo de los placeres presentes es doloroso, por el hecho de que tememos perderlos. Los placeres del pasado son dolorosos por los renovados deseos que surgen fuertemente de las impresiones que estos placeres han dejado sobre la mente. ¿Y cómo puede la felicidad ser duradera si depende solamente de nuestros estados de ánimo? Dado que uno u otro de los gunas siempre se apodera del control de la mente, esos estados están sujetos a cambios constantes.

Como el funcionamiento de la Ley de Karma y la naturaleza y función de los gunas ya han sido analizados (I. 2, 18, 19), nos interesa destacar aquí que Patanjali nos advierte sobre el peligro de creer que algunos de nuestros pensamientos y acciones no tendrán consecuencias por el sólo hecho de que éstas no se han manifestado. Nuestros actos han creado tendencias latentes que darán fruto en su estación debida, tal vez condicionados a circunstancias de futuras vidas. Actos meritorios producen resultados agradables, pero 'agradable' y 'doloroso' son términos tan relativos como bueno y malo, calor y frío, felicidad y desgracia; estos son los pares de opuestos que según el *Guita*, forman las aparentes contradicciones de nuestra experiencia del mundo exterior.

Para el hombre de discernimiento espiritual toda experiencia es dolorosa, dado que lo liga al mundo y renueva los deseos sensorios. La única dicha verdadera está en la unión con el Atman. Toda otra 'felicidad" es relativa, temporaria y por tanto irreal.

16. El dolor que aún no ha llegado puede ser evitado.

Existen tres clases de karma: el karma que ya ha sido creado y almacenado y que dará frutos en alguna vida futura; el Karma creado en el pasado o en alguna vida anterior que dará frutos en esta vida presente y el karma que estamos creando en el presente con nuestros pensamientos y acciones. De todos estos, el karma que ya existe está más allá de nuestro control; sólo podemos esperar que se agote por sí mismo y aceptar sus frutos con valor y paciencia. Pero el karma que ahora estamos creando, "el dolor que todavía no ha llegado", puede ser evitado y sin dejar de actuar, pero abandonando el deseo por gozar de los frutos de la acción. Si dedicamos los frutos de la acción a Dios, gradualmente iremos desenrollando el carretel del karma y evitando así su dolor.

17. Este dolor es causado por la falsa identificación del experimentador con el objeto de experiencia y puede ser evitado.

El 'experimentador' es el Atman, nuestra naturaleza real y el 'objeto de experiencia' es la totalidad del mundo aparente incluyendo la mente y los sentidos. En realidad, sólo el Atman existe, Uno sin segundo, eternamente libre. Pero por la falsa identificación a través de maya, que es el misterio de nuestra presente situación, el Atman se ve confundido por el ego individual, sujeto a todas las olas de pensamiento que surgen y perturban la mente. Es por ello que imaginamos que somos "desgraciados" o "felices", "iracundos" o "lujuriosos". El *Guita* nos recuerda la verdad:

> El alma iluminada piensa: "Yo no hago nada".
> No importa lo que ve, oye, toca, huele, come...

Siempre sabe esto:
"Yo no estoy viendo, no soy yo quien está oyendo;
Son los sentidos los que ven y escuchan,
Y tocan las cosas de los sentidos".

Hasta tanto el experimentador erróneamente se identifique con el objeto de la experiencia no podrá conocer al Atman, su verdadera naturaleza. Permanecerá ligado, creyéndose esclavo de la experiencia.

Escribe Swami Vivekananda:

"Cuenta una historia que Indra, el rey de los dioses, se convirtió en un cerdo; como todo otro cerdo se bañaba en el barro; tenía una cerda compañera y un montón de lechoncitos y se sentía muy feliz por todo eso. Viendo su condición algunos dioses se le acercaron y le dijeron: "Tú eres el rey de los dioses, todos nosotros estamos bajo tus órdenes, pero no comprendemos porqué estás aquí". Pero Indra replicó: "Yo estoy muy bien aquí y el cielo no me interesa mientras tenga a mi compañera marrana y a mis lechoncitos".

Los pobres dioses, desesperados, decidieron matar a toda la prole, uno tras otro. Ante esto Indra comenzó a llorar y a lamentarse. Entonces los dioses desgarraron el cuerpo del cerdo y así, liberado del cuerpo, Indra salió riendo pensando en el horrible sueño que había tenido; él, el rey de los dioses, ¡convertirse en un cerdo y pensar que la vida de cerdo era la única vida! Y no sólo eso, sino que había deseado que todo el universo llevara vida de cerdo.

El Atman, cuando se identifica con la naturaleza, olvida que él es puro e infinito. El Atman no ama, es el amor mismo; no existe, es la existencia misma. El Atman no conoce, es el conocimiento mismo. Es un error decir que el Atman ama, existe o conoce. Amor, existencia y conocimiento no son las cualidades del Atman, sino su esencia. Cuando llegan a reflejarse sobre algo las llamamos cualidades de aquel algo. Ellas no son las cualidades sino la esencia del Atman, el Infinito Ser, sin nacimiento, sin muerte, establecido en su propia gloria, pero que parece haber llegado a tal grado de degeneración que si alguien se le acerca y le dice: 'Tú no eres un cerdo', comienza a chillar y morder".

Este cerdo-que-no-es-cerdo puede volverse un animal muy peligroso. El poder de tamas en nuestra naturaleza es tan grande que nos hace aborrecer toda perturbación. Detestamos toda nueva idea, especialmente si ella implica introducir algún cambio en nuestra vida. Y así, cuando el maestro espiritual llega a decirnos que no somos cerdos sino Dios, estamos listos para perseguirlo y crucificarlo".

18. El objeto de experiencia está compuesto de los tres gunas, los principios de la iluminación (sattwa), actividad (rayas) y de inercia (tamas). De éstos ha evolucionado el universo entero, conjuntamente con los instrumentos del conocimiento tales como la mente, los sentidos, etc., y los objetos percibidos, los elementos físicos. El universo (objeto de experiencia), existe para que el experimentador pueda experimentar y así volverse libre.

La última frase de este aforismo es uno de los más importantes de todo el libro. Es la respuesta de Patanjali a la gente-cerdo, a aquellos que quieren permanecer en el barro.

Cuando se les dice que toda experiencia sensoria es en última instancia dolorosa, la gente-cerdo se enfurece. Consideran a tal filosofía cobarde y falta de espíritu. Dicen: uno no debe temer al placer, sino que debe aprovechar los momentos efímeros y gozarlos, sean cuales fueren las consecuencias. Para confirmarlo citan a sus poetas (porque muchos de los más refinados poetas escriben poesías para cerdos), diciendo que "una hora 'gloriosa' bien vale un siglo sin fama" y que Patanjali no es más que una abuelita tímida y aguafiestas.

A esta acusación Patanjali responde: "Los que temen son ustedes; son ustedes quienes se estremecen a causa de la experiencia. Hablan mucho sobre los placeres y sin embargo no saben nada acerca del Placer; jamás tratan de comprender su naturaleza. El universo de la experiencia sensoria es un gran libro y aquel que lo lee íntegramente con discernimiento, llegará a saber que no hay nada más que el Atman. Ninguna experiencia es en vano, ninguna página de ese libro es superflua, siempre que el lector aprenda algo de éste y prosiga hacia la página siguiente. Pero ustedes nunca aprenden, nunca prosiguen. Leen la misma página una y otra vez repitiendo la misma experiencia vacía, carente de sentido, como quien tiene sueño y lee para luego no recordar ni una sola palabra.

Hay un dicho hindú: "La abeja va a absorber la miel, pero sus patas se quedan pegadas a ella". Nosotros solamente podemos evitar el destino de abeja si consideramos nuestra vida como una perpetua búsqueda del designio y significado de cada experiencia, como un ejercicio de discernimiento entre lo real y lo irreal. Con ese espíritu, daremos la bienvenida a toda clase de experiencias –agradables y penosas– las que nunca nos dañaran. Porque la Verdad yace escondida en todas partes, dentro de cada experiencia y de cada objeto del universo. Todo lo que nos sucede, no importa cuan trivial puede parecer, ofrece algún indicio que puede conducirnos hacia un conocimiento espiritual más amplio y eventualmente a la liberación.

19. Los gunas pasan por cuatro estados: denso, sutil, prístino y de involución.

Aquí Patanjali sintetiza lo explicado en el comentario del aforismo 17 del capítulo I. Cuando el universo existe únicamente en su forma potencial, los gunas están en perfecto equilibrio y su estado es descrito como no desarrollado o 'sin rastros'. Cuando el universo comienza a evolucionar y el equilibrio de los gunas se rompe, aparece el amanecer de mahat, el sentido del ego cósmico. Este estado es considerado primario o 'indicado'. En la siguiente etapa de evolución, cuando los gunas han entrado en la combinación que forma la mente y las esencias internas de las cosas, su estado es descrito como sutil o 'indefinido'. Y finalmente, cuando el universo ha alcanzado su manifestación física, externa, el estado de los gunas es descrito como denso o 'definido'. (Debido a la dificultad de traducir estos términos técnicos sánscritos, hemos dado en cada caso una explicación aproximada).

20. Atman –el experimentador– es conciencia pura. Aparece como tomando el color cambiante de la mente pero en realidad, él es inmutable.

21. El objeto de experiencia existe solamente para servir al propósito de Atman.

22. Si bien el objeto de experiencia se vuelve irreal para el que ha alcanzado el estado de liberación, el mismo permanece real para los otros seres.

23. Atman, el experimentador, se identifica con Prakriti –el objeto de experiencia– para que la verdadera naturaleza de ambos: Prakriti y Atman, pueda ser conocida.

24. Esta identificación es causada por la ignorancia.

25. Tal identificación cesa cuando se destruye la ignorancia. Entonces la ligadura llega a su fin, el experimentador se vuelve independiente, libre.

Estos aforismos parecerían a primera vista paradójicos. Cuando Patanjali dice que el experimentador está identificado con el objeto de la experiencia, con el fin de que la verdadera naturaleza de ambos pueda ser conocida y luego agrega que esta identificación es causada por la ignorancia, nos sentimos un tanto confundidos. Quedamos perplejos porque Patanjali parece estar aceptando y aprobando hasta cierto punto esta ignorancia.

¿Es esta ignorancia deseable? Por supuesto sería mucho mejor si nunca hubiéramos dejado de ser conscientes de nuestra verdadera naturaleza. Es como si un prisionero dijera complaciente: "Esta prisión existe para que yo pueda salir de ella", sin tener en cuenta el hecho de que si él no hubiera cometido un crimen no estaría en la prisión.

Aun así, esta confusión que sentimos es simplemente otro producto de esa misma ignorancia. Arraigados en maya, no podemos abrigar la esperanza de comprender a maya ni juzgar por medio de muestras pobres y relativas normas éticas la 'justicia' y la 'injusticia' de su ligadura. Todo lo que sí sabemos con certeza, es esto: que los grandes seres que alcanzaron la liberación no miraron hacia atrás recordando sus grandes luchas con amargura o pesar. Ni si quiera consideraron a maya con horror, más bien la vieron como un juego fascinante y divertido. Ellos gozaban de su larga lucha por la libertad. Swami Vivekananda, hacia el final de su vida, escribió: "Me alegro de haber nacido; me alegro de haber sufrido; me alegro de haber cometido tremendos desatinos, me alegro de entrar en la paz".

Ante la aparente paradoja de la relación Atman-Prakriti, nos sentimos naturalmente asaltados por la duda y la confusión. Pero en lugar de malgastar nuestro tiempo razonando y filosofando, haremos mejor en mantener nuestros ojos fijos en aquellas figuras gigantescas que lograron el fin del viaje y que parecieran estar llamándonos para que los sigamos. El triunfo de esas grandes almas es lo que nos asegura que de alguna manera –todavía no comprendida por nosotros– todo sucede para nuestro bien.

26. La ignorancia es destruida mediante el despertar del conocimiento del Atman, hasta que no queda el menor vestigio de ilusión.

27. El experimentador logra este conocimiento en siete etapas conducentes hacia lo más elevado.

Las siete etapas por las cuales se logra el perfecto conocimiento de Atman, se dice que son las siguientes:

1. La realización de que la fuente de toda sabiduría espiritual está dentro de nosotros mismos, de que el Reino de los Cielos está en nuestro interior, logra, como explica Swami Vivekananda, que "después de una larga búsqueda por aquí y por allá, en templos e iglesias, en la tierra y en los cielos, completamos el círculo y regresamos donde comenzamos: a nuestra propia alma y encontramos que Él, a quien hemos estado buscando por todo el mundo, por quien hemos llorado y rogado en iglesias y templos, a quien considerábamos como misterio de misterios, cubierto por densas nubes, es lo más próximo de todo lo que está cerca, es nuestro propio Ser, la realidad de nuestra vida, cuerpo y alma".

Estas son palabras estremecedoras a las cuales nuestro

corazón puede responder de inmediato. No obstante, una firme realización de esta verdad no se logra fácilmente. No es suficiente aceptarla como una proposición intelectual; no basta tener una vislumbre durante una fugaz emoción religiosa o por una visión transitoria. No podemos decir que hemos alcanzado este primer estado hasta no volvernos constantemente conscientes de la presencia del Atman en nuestro interior. Cuando logremos esta conciencia, sabremos también, más allá de toda duda, que la unión con el Atman es posible, dado que ningún obstáculo externo puede surgir para evitarlo.

2. La cesación del dolor.

El dolor, como hemos visto, es causado por nuestro apego o aversión a las cosas del mundo exterior. Tan pronto como la mente se vuelve hacia adentro, hacia el conocimiento de Atman, esos apegos y aversiones pierden su poder. Citamos nuevamente del *Guita*: "Yoga es la interrupción del contacto con el dolor".

3. Samadhi o completa realización de y unión con el Atman.

El universo objetivo desaparece. El Atman es experimentado como existencia, conciencia y dicha absoluta. En esta experiencia todo sentido de separación individual y diferenciación se pierde. En *La Suprema Joya del Discernimiento* de Shankara, el discípulo, habiendo logrado samadhi, exclama: "Mi mente, como una piedra de granizo, cayó dentro de aquella enorme extensión del océano de Brahman. Tocando una gota de este océano me disolví en Brahman. Y ahora, a pesar de haber vuelto a la conciencia humana moro en la dicha de Atman. ¿Dónde está este universo? ¿Quién se lo llevó? ¿Es que se ha sumergido en alguna otra cosa? Hace un momento yo lo veía, ahora no existe más. ¡Esto es, en realidad, maravilloso! Aquí está el océano de Brahman pleno de dicha infinita. ¿Es que hay algo distinto o aparte de Brahman? Ahora sé finalmente y con toda claridad que yo soy el Atman cuya naturaleza es eterna dicha; no veo nada, no oigo nada, no sé de nada que esté separado de mí".

4. Cuando un hombre desciende del samadhi regresa a la conciencia del universo objetivo, pero esta conciencia difiere de aquella que todos experimentamos. Para aquel que ha alcanzado samadhi, el mundo externo es visto como siendo simplemente una apariencia. En las palabras de Shankara: "es y no es".

El hombre de iluminación no identifica nunca más al mundo exterior con el Atman, solamente lo ve como siendo un reflejo del Atman; no completamente irreal, dado que es proyectado por la realidad, pero aun así carente de sustancia y de existencia independiente, como la imagen reflejada en un espejo.

En este estado, un hombre sabe que él ya no está más ligado por deber u obligación mundana alguna. "Sus actos", dice el *Guita*, "lo abandonan". Esto, por su puesto, no significa que el hombre que ha alcanzado samadhi no hará absolutamente nada a partir de ese momento. Por el contrario, la mayoría de los grandes santos han sido muy activos, particularmente enseñando a los demás. "Ellos son como grandes barcos", decía Sri Ramakrishna, "que no solamente cruzan ellos el océano sino que transportan a muchos pasajeros a la otra orilla".

Las acciones de los iluminados difieren de las acciones del hombre común porque ellas no son motivadas por apego o deseos egoístas. Son, en el sentido más liberal del término: acciones voluntarias. Para el resto de nosotros la acción es parcialmente voluntaria; siempre contiene un elemento de compulsión debido a nuestros pasados karmas y a las presentes complicaciones de la vida de los sentidos.

Por esta razón, la conducta de un santo es a menudo muy difícil de comprender; nos resulta extraña, arbitraria o caprichosa, precisamente porque no está sujeta a esa compulsión que nos es tan familiar. En cierta ocasión alguien pidió a un gran maestro que explicara una de la aparentemente más misteriosa acción registrada en los Evangelios: la maldición de Cristo a la higuera estéril. "Conviértete en Cristo", respondió el maestro sonriendo, "y entonces sabrás porqué dijo eso".

5. A continuación viene la realización de que la mente y el mundo objetivo han finalizado sus servicios al experimentador. La mente ha sido el instrumento y el mundo el objeto de la experiencia por medio del cual el experimentador ha llegado a conocer al Atman, su verdadera naturaleza. La mente ha sido utilizada para trascender la mente de la misma manera que utilizamos una escalera para 'trascender' la escalera; una vez que hemos alcanzado la ventana contra la cual se apoyaba, la escalera puede ser retirada porque ya no la necesitamos.

6. Ahora las impresiones almacenadas en la mente y los gunas mismos caen para siempre 'como rocas que cayendo de lo alto de una monataña nunca regresarán'.

7. Así se llega al estado final: el estado de eterna existencia en unión con el Atman. Ahora ya no hay más retorno del samadhi a la conciencia sensoria parcial; no más identificación con la mente. Realizamos, en las palabras de Vivekananda, "Que hemos estado solos en todo el universo, donde cuerpo y mente nunca estuvieron relacionados y mucho menos unidos a nosotros. Ellos estuvieron trabajando a su manera y nosotros, por ignorancia, nos unimos a ellos. Pero hemos vivido independientes, omnipotentes, omnipresentes, siempre bienaventurados; nuestro propio Atman es tan puro y perfecto que no necesitamos nada más; en todo el universo no puede haber nada que no se vuelva refulgente ante nuestro conocimiento. Este será el último estado y el Yogui se tornará pacífico y calmo; nunca más sentirá dolor y jamás volverá a caer en la ilusión, jamás será alcanzado por el sufrimiento. Sabrá que él es siempre bienaventurado, siempre perfecto, omnipotente".

28. Tan pronto como todas las impurezas han sido quitadas por la práctica de disciplinas espirituales los "miembros" de yoga o visión espiritual de un hombre, se abren al conocimiento, dador de luz del Atman.

Patanjali comienza ahora una detallada descripción de los llamados "miembros" de yoga, las diferentes reglas y prácticas que debemos observar para purificar la mente de sus impurezas. Quitar estas impurezas, obstáculos al conocimiento del Atman, es el único propósito de las disciplinas espirituales. Porque el conocimiento no debe buscarse por el conocimiento mismo, pues éste ya está dentro nuestro, muy distinto de aquel conocimiento mundano que debe ser adquirido mediante libros y experiencias en el mundo exterior. Cuando los obstáculos se han quitado, el siempre presente Atman se revela de inmediato.

29. Los ocho miembros de yoga son: las diversas formas de abstención desde no dañar (yama); las distintas observancias (niyamas); posturas (asanas); control del prana (pranayama); retirar la mente de los objetos de los sentidos (pratyahara); concentración (dharana); meditación (dhyana) y absorción en el Atman (samadhi).

30. Yama es abstenerse de dañar a otros, mediante la falsedad, el robo, la incontinencia y la codicia.

Demos vivir de manera de no dañar ni causar dolor a otros seres por medio de nuestros pensamientos, palabras o acciones. En un sentido positivo, esto significa que debemos cultivar amor por todos y tratar de ver al único Atman dentro de cada uno.

Debemos considerarnos como los servidores de la humanidad a disposición de quienes nos necesitan. No obstante, esto no significa que debemos prestarnos a los malos propósitos de otros, ayudándoles a cometer delitos; tales propósitos estarían en oposición a los ideales de *yama*. El verdadero hombre servicial es como un medio de transporte colectivo, disponible para todo el que quiera utilizarlo, pero viajando, no obstante, por una ruta fijada hasta su destino.

Nuestras palabras y pensamientos deben ser veraces y siempre de acuerdo con los hechos. Sri Ramakrishna decía que la verdadera espiritualidad consiste en "hacer del corazón y los labios una sola y misma cosa". Pero debemos tener mucho cuidado de no herir a otros diciendo lo que es cruel, aunque fuera verdad. En tales ocasiones debemos permanecer en silencio.

No es suficiente con abstenerse de robar; no debemos abrigar sentimientos de codicia, sea hacia personas u objetos. Debemos recordar que nada en este mundo nos pertenece. A lo sumo nos ha sido concedido un préstamo. Es nuestro deber, por lo tanto, sólo pedir prestado al mundo en caso de absoluta necesidad y hacer uso debido de lo que nos es concedido. El tomar más de lo que necesitamos y malgastarlo, es una forma de robar al resto de la humanidad.

Continencia es castidad de palabra, pensamiento y acto. Estar libre de la idea de sexo es alcanzar pureza de corazón. El sexo es inseparable del apego y el apego es un obstáculo para el conocimiento espiritual.

Abstención de la codicia ha sido interpretada también como abstenerse de recibir regalos. Citando a Swami Vivekananda: "La mente del hombre que recibe un regalo es influida por la mente del dador; en consecuencia, es probable que el receptor se desvíe de la buena senda. Aceptar regalos inclina a la mente hacia la destrucción de su propia independencia, haciéndola esclava".

Para muchos de nosotros esto puede parecer muy difícil, pero debemos recordar que Patanjali está describiendo las estrictas disciplinas indicadas para un yogui dedicado. En la vida cotidiana del mundo, la mayoría de los regalos son relativamente inofensivos, siempre que sean muestras de genuino afecto. Sin embargo, hay algunos que no lo son – especialmente cuando los obsequios pertenecen a la categoría más bien siniestra denominada 'regalos de negocios'–, y debemos cuidarnos, en general, de no aceptar demasiado fácilmente la generosidad y hospitalidad de otras personas.

31. Estas formas de abstinencia son reglas básicas de conducta. Deben ser practicadas sin ninguna reserva en cuanto a tiempo, lugar propósito o reglas sociales.

Patanjali no admite excusas o excepciones. Cuando él nos dice, por ejemplo, que debemos abstenernos de dañar a otros, quiere significar exactamente lo que dice. No tendrá paciencia con un hombre que le dijera: "por supuesto me abstendré de matar, excepto, naturalmente, en tiempo de guerra, peleando por una causa justa y cuando, de todas maneras, sea mi deber como miembro de las fuerzas armadas".

32. Los niyamas (observancias) son pureza, contentamiento, mortificación, estudio y devoción a Dios.

Pureza es limpieza, tanto física como mental. Si un hombre piensa que él es la morada del Atman, naturalmente sentirá que su cuerpo y mente tienen que mantenerse limpios. La limpieza externa es importante a causa del efecto psicológico que ejerce sobre nosotros; el simple acto de lavarse sugiere la eliminación de la suciedad física y mental. Después de un buen baño espontáneamente surge en nosotros esta expresión: "¡Ah, ahora me siento mejor!".

Los órganos internos del cuerpo deben ser purificados y fortalecidos siguiendo una dieta apropiada. Similarmente debemos seguir una "dieta" mental para limpiar y fortalecer la mente. Debemos regular nuestra lectura, conversación y también toda ingestión de "alimento mental". Debemos cultivar la compañía de aquellos que son espirituales. Por supuesto esto no incluye un tabú absoluto sobre ciertas personas o temas, sobre la base de que son 'mundanos' o 'pecadores'. Tal puritanismo negativo sólo conducirá al orgullo por la propia rectitud y levantará un furtivo deseo por aquello que está prohibido. Lo que realmente importa, como siempre, es nuestra propia actitud. Si nunca aflojamos en nuestro ejercicio del discernimiento, hallaremos que todo contacto humano, todo lo que leemos o escuchamos, tiene algo que enseñarnos. Pero este estado de constante discernimiento es muy difícil de mantener y es por ello que el principiante tiene que tener mucho cuidado. El peligro del chisme, del entretenimiento superficial, del periodismo sensacionalista, de las revistas de ficción, de las telenovelas, etc., es simplemente este: nos incitan a entrar en una corriente de lánguido ensueño, neutral al comienzo pero pronto coloreado por ansiedades, atracciones y aversiones hasta que la mente se vuelve oscura e impura. La limpieza de la mente se mantiene solamente por medio de una alerta constante. "Una vez perdido su equilibrio", dice San Francisco de Sales, "el corazón deja de ser su propio amo".

Un maestro hindú nos dice: "Habla siempre a todos sobre Dios". Este es un consejo sutil y profundo. El hablar sobre Dios no se limita a la discusión de tópicos abiertamente religiosos. Casi todo tema, no importa cuan "mundano" parezca, puede ser considerado en relación con la subyacente realidad espiritual. No importa tanto sobre qué hablamos o cómo hablamos al respecto. Tampoco es necesario hacer uso de palabras tales como 'Dios', 'espíritu', 'oración', etc. Estas palabras sirven para enajenar a oyentes poco simpatizantes y hacerles sentir que nos estamos apartando de ellos desde un pedestal de santidad. Haremos mejor en recordar que cada ser humano está buscando, aunque de manera confusa, el significado de la vida y que dará la bienvenida a toda discusión sobre ese significado, siempre que nosotros podamos utilizar un vocabulario acorde con la condición del oyente. Si encaramos la conversación desde este ángulo y la conducimos con simpatía, franqueza, sinceridad y con un serio interés y respeto por las opiniones de otros, nos sorprenderemos de comprobar cuanto intercambio tácito espiritual puede resultar de una conversación aparentemente casual sobre hechos cotidianos, ciencia, arte, política o deporte.

Ya hemos considerado el significado de 'mortificación y estudio' al comentar el primer aforismo del capítulo II.

Contentamiento, significa alegre aceptación de lo que nos toca vivir, imperturbables por la envidia o la intranquilidad. Dado que los maestros religiosos a menudo son acusados de una pasiva aceptación de un injusto *status quo*, es necesario sin embargo, tener en cuenta que Patanjali *no* nos dice que debemos estar contentos con el destino de los otros. Tal "contentamiento" sería una insensible indiferencia. No tenemos derecho a reprobar a un mendigo que padece hambre, por sentirse descontento. Más bien, como miembros de una comunidad, tenemos el positivo deber de ayudar a nuestros semejantes menos afortunados para obtener condiciones de vida más dignas. Pero nuestros esfuerzos en esa dirección serán mucho más efectivos si nuestra actitud no está inspirada por motivos de ganancia y ventaja personal.

33. Para liberarnos de los pensamientos que nos distraen de Yoga se deben cultivar los pensamientos opuestos.

Esta es la técnica de levantar una ola de pensamientos opuesta para vencer las olas de pensamiento que causan distracción, dicutida en los cinco primeros aforismos del capítulo I.

34. Los obstáculos a yoga, tales como actos de violencia y falsedad, pueden ser creados directamente o causados indirectamente o aprobados; pueden ser motivados por codicia, ira o interés propio; pueden ser de poca importancia, moderados o graves, pero en cualquier caso nunca dejarán de dar como resultado dolor e ignorancia. Uno debe vencer los pensamientos que distraen recordando lo dicho.

Todo lo que hacemos, decimos o pensamos, inevitablemente produce consecuencias – buenas, malas o combinadas– y estas consecuencias, en alguna medida tendrán su efecto sobre nosotros. Nuestros más secretos malos deseos hacia los demás; nuestra más remota licencia del mal hecho a otros, sólo puede terminar dañándonos, al incrementar nuestra propia ignorancia y dolor. Esta es una ley absoluta de la Naturaleza y si podemos recordarla siempre, aprenderemos a controlar nuestra lengua y nuestros pensamientos.

35. Cuando un hombre se vuelve firme en su abstención de dañar a otros, todas las criaturas vivientes cesarán de sentir enemistad en su presencia.

Estamos acostumbrados a utilizar la palabra 'inocente' en un sentido más bien despectivo; se ha vuelto sinónimo de inútil e ineficaz. La perfecta inocencia del santo no es, bajo ningún punto de vista, ineficaz; es una fuerza positiva de tremendo poder. Cuando un hombre realmente ha renunciado por completo a la violencia en sus propios pensamientos y en su trato con los demás, comienza a crear una atmósfera a su alrededor en la cual la violencia y la enemistad dejan de existir porque no hallan reciprocidad. Los animales también son sensibles a tal atmósfera. Los animales salvajes pueden ser intimidados con látigo, pero solamente se vuelven inofensivos por el poder de un afecto auténtico, como lo sabe muy bien todo buen domador. Una señora que estaba acostumbrada a manipular serpientes venenosas, solía explicar: "Ellas saben que yo no quiero dañarlas".

"La prueba de ahimsa (no dañar), es ausencia de celos", dijo Swami Vivekananda, "se puede ver a los grandes hombres del mundo sentirse celosos unos de otros por un poco de nombre, un poco de fama y por algunas pepitas de oro. Mientras estos celos existen en un corazón, él se encuentra muy lejos de la perfecta ahimsa".

36. Cuando un hombre se vuelve firme en su abstención de falsedad logra el poder de obtener para sí mismo y para todos, los frutos de las buenas acciones, sin tener que realizar los hechos mismos.

Se dice que un hombre común es veraz cuando sus palabras concuerdan con los hechos de los cuales habla. Pero cuando un hombre se vuelve perfecto en veracidad, consigue el control, por así decir, de la verdad. Él ya no tiene que obedecer a los hechos; los hechos le obedecen a él. No puede pensar y ni siquiera soñar una mentira; todo lo que él dice se vuelve verdad. Si bendice a alguien, esa persona es bendecida, sea merecedora o no de la bendición. En otras palabras, tiene el poder de otorgar los frutos de las buenas acciones en una manera que no está sujeta a la Ley de Karma. Puede también realizar curas milagrosas diciéndole simplemente al enfermo que él está bien.

37. Cuando un hombre se ha vuelto firme en su abstención de robar, toda la riqueza llega a él.

Este aforismo puede ser explicado de dos modos: en primer lugar, cuando un hombre se libera de todo sentimiento de codicia ya no experimenta nunca más la falta de algo; se encuentra en la misma situación que el hombre más rico de la tierra. En segundo lugar, la ausencia de deseo por beneficios materiales parece, en muchos casos, atraer dichos beneficios. Como dijo Vivekananda: "Cuanto más te alejas de la naturaleza más te sigue y si no te preocupas por ella se convierte en tu esclava".

38. Cuando un hombre se vuelve firme en su continencia, adquiere energía espiritual.

La actividad sexual y los pensamientos y fantasías relacionados con el sexo, consumen una gran parte de nuestra fuerza vital. Cuando esa fuerza es contenida por medio de abstinencia, se sublima como energía espiritual. Tal energía es indispensable para un maestro espiritual; es el poder mediante el cual él transmite comprensión a sus discípulos. Por que la verdadera religión no se *enseña* como historia o matemáticas, sino que se transmite como la luz o el calor.

39. Cuando un hombre se vuelve firme en su abstención de deseos violentos, logra el conocimiento de sus existencias pasadas, presentes y futuras.

El apego –y la ansiedad que acompaña al apego– son obstáculos para el conocimiento. Mientras el aspirante se aferre desesperadamente al borde de un precipicio –y por lo tanto a su propia vida– no estará en condiciones de reconocer el lugar desde el cual él comenzó a escalar, ni tampoco el lugar hacia el cual se dirige. Es así que Patanjali nos dice que al liberarnos del apego obtendremos como resultado el conocimiento del curso íntegro de nuestro viaje como seres humanos, a lo largo de las existencias pasadas y futuras. Tal conocimiento sería de por sí una prueba de la teoría de la reencarnación.

40. Como resultado de la pureza, surge la indiferencia hacia el cuerpo y disgusto ante el contacto físico con otros.

41. Además uno alcanza la purificación del corazón; un ánimo alegre; poder de concentración; control de las pasiones y aptitud para la visión de Atman.

Patanjali describe ahora los resultados que se obtienen mediante la práctica de las diferentes observancias (niyamas).

El cuerpo físico es la manifestación más externa de nuestra conciencia. Cuando la mente de un hombre se vuelve pura, él pierde en forma natural el sentido de identificación con su cuerpo; se vuelve más y más indiferente hacia su forma física, considerándola como una simple vestimenta exterior que no es nueva ni limpia. Al mismo tiempo ya no desea otros cuerpos, dado que ha dejado de identificarlos con la conciencia que mora en ellos. Si realmente conociéramos y amáramos al Atman que mora dentro de los demás, el acto sexual nos resultaría falto de sentido. Si realmente se sabe que el Atman está siempre presente en todas partes como una unidad eterna, ¿para qué habrían de abrazarse entre sí dos coberturas externas?

La pureza mental se manifiesta en un hombre a través de su estado de ánimo. Él tiende a manifestar mayor sattwa, la cualidad de la iluminación y de la plácida felicidad. Dice Vivekananda: "El primer signo de que un hombre se ha vuelto religioso es que está siempre alegre y de buen ánimo. Para el yogui todo es dicha, cada rostro humano que ve le causa alegría. El sufrimiento es causado por el pecado y por ninguna otra causa. ¿Qué tenemos que ver nosotros con rostros sombríos? Si uno se siente amargado o deprimido, es mejor no salir de casa ese día; encerrémonos en nuestro cuarto. ¿Qué derecho tenemos de contagiar esta enfermedad a los demás?".

42. Como resultado del contentamiento, uno alcanza suprema felicidad.

Vale la pena analizar aquellas ocasiones en las cuales nos hemos sentido realmente felices. Porque, como dice John Masefield: "Los días que nos hacen felices, nos hacen sabios". Cuando los recordamos, casi con seguridad encontraremos que todos ellos tuvieron la misma característica en común: fueron momentos en que, por tal o cual razón, cesamos temporalmente de sentir ansiedad; en que vivimos en las profundidades del momento presente –lo que rara vez hacemos– y sin lamentar el pasado o preocuparnos por el futuro. Esto es lo que Patanjali quiere significar por contentamiento.

Por supuesto también hay felicidad que proviene de la satisfacción de un deseo. Esto puede ser muy vívido, pero está limitado por su propia naturaleza a una duración relativamente breve. Porque la satisfacción de un deseo inmediatamente da surgimiento a otro y así el momento de felicidad termina dando como resultado una ansiedad más. Hasta la satisfacción misma tiene, por así decir, una sombra siempre presente detrás.

Marcel Proust, al referirse al amor sexual dice que el mismo contiene "una permanente tensión de sufrimiento momentáneamente neutralizado por la felicidad que brinda, pero que puede, en cualquier momento, volverse una dolorosa agonía al comprobar que no hemos obtenido lo que estábamos buscando".

Esta verdad poco agradable se vuelve muy evidente cuando uno mira hacia atrás. Si uno compara sus recuerdos comprobará que los momentos de satisfacción se han vuelto oscuros y confusos, mientras que los momentos de contentamiento han permanecido a través de los años.

Lógicamente no hay ninguna razón por la cual el contentamiento deba causar felicidad. Uno podría suponer –si nunca lo ha experimentado– que la ausencia del deseo produce simplemente un estado neutro, insulso, carente por igual de alegría y de pesar. El hecho de que esto no es así, es una prueba asombrosa de que la intensa felicidad, la alegría del Atman está siempre dentro de nosotros; la que puede ser liberada en cualquier momento derribando las barreras del deseo y del temor que hemos levantado alrededor nuestro. ¿Si no cómo se explica que podamos ser tan felices sin ninguna razón aparente?

43. Como resultado de la mortificación, se quitan las impurezas. Entonces ciertos poderes especiales se manifiestan en el cuerpo y en los órganos de los sentidos.

La práctica de autodisciplina depura nuestras percepciones sensorias e incluso nuestra sustancia física hasta que nos volvemos conscientes de poderes psíquicos latentes, tales como el poder de clarividencia, telepatía, levitación, etc.

44. Como resultado del estudio, uno obtiene la visión de aquel aspecto de Dios que uno ha elegido para su adoración.

Como ya hemos observado (II.1), por 'estudio' Patanjali quiere decir no solamente la lectura de las Escrituras, sino también la práctica de japa, es decir, repetir el mantra, el sagrado nombre del aspecto elegido de Dios que el maestro da al discípulo en el momento de su iniciación (I. 27, 29). Es a la práctica de japa a la que Patanjali se refiere aquí específicamente.

45. Como resultado de la devoción a Dios, uno alcanza samadhi.

Éste y el aforismo anterior, se refieren a *bhakti yoga*. Ya hemos mencionado estos yogas o senderos para la unión con Dios. Para más claridad se definirán ahora los cuatro yogas más importantes.

Bhakti yoga es el sendero de amante consagración a Dios. Se expresa por medio de adoración ritual, oración y japa. Es cultivar una relación directa, intensa y personal entre el adorador y el adorado. En la práctica de bhakti yoga se elige un aspecto especial de Dios o alguna Encarnación divina, de manera que el amor del devoto se concentre en él. Para aquellos que por naturaleza se sienten inclinados a este acercamiento, posiblemente sea el más simple de todos. Y no hay duda de que la gran mayoría de los creyentes de todas las grandes religiones del mundo, son fundamentalmente bhakti yoguis.

Karma yoga es el sendero de no-egoísmo. Acción dedicada a Dios. Mediante la dedicación de los frutos del propio trabajo a Dios y trabajando siempre por medios correctos hacia fines correctos –al máximo de nuestra capacidad y conocimiento en todo momento–, uno puede paulatinamente lograr sabiduría y liberarse del apego. La acción es transcendida por medio de la acción; los lazos del apego caen; la rueda de karma cesa de girar; la paz inunda el espíritu y Brahman es conocido.

Karma yoga es el sendero más apropiado para las personas de temperamento vigoroso que sienten el llamado de la obligación y del servicio en el mundo de los asuntos humanos. Este sendero las conduce a través de los peligros de un afán excesivo y una excitación desmedida, mostrándoles cómo hallar 'la inacción que está dentro de la acción', la calma en medio del remolino. El consejo de Sri Krishna a Aryuna, en el *Guita*, está en gran medida relacionado con la práctica de karma yoga.

Gñana yoga es el sendero del discernimiento intelectual, es el camino para hallar a Brahman por medio del análisis de la real naturaleza de lo fenomenal. El gñana yogui rechaza todo aquello que es transitorio, aparente y superficial, diciendo: 'Esto no, esto no' y así finalmente llega a Brahman por el proceso de eliminación. Este es un sendero sumamente difícil que exige tremendo poder de voluntad y claridad mental. No es para gente común. En cambio ha atraído y convertido en santos a muchos hombres notables quienes de otra manera no hubieran abrazado ninguna forma de religión.

Raja yoga es a menudo identificado como el yoga de la meditación. No es tan sencillo de definir como los otros yogas dado que, en un sentido, los combina a todos. Porque meditación puede incluir acción dedicada a Dios (adoración ritual, etc.) discernimiento y concentración sobre un aspecto elegido de Dios.

Raja yoga se ocupa también del estudio del cuerpo como un vehículo de energía espiritual. Por ejemplo, describe la naturaleza y función de los diferentes centros psíquicos tales como 'el loto del corazón' al cual nos hemos referido (I.36).

En virtud de que Raja yoga enfatiza el valor de la meditación formal, científica, es primordialmente para aquellos que desean llevar una vida monástica o, por lo menos, predominantemente contemplativa. Sin embargo, debería ser estudiado por todas las personas interesadas en la espiritualidad. Nos enseña la importancia de aplicar método en la oración.

Resulta innecesario decir que estas categorías no deberían ser cerradas. Un yoga no puede ser practicado con la total exclusión de los restantes. Nadie que siga un verdadero sendero religioso puede hacerlo sin amor, discernimiento y acción dedicada. Nadie puede prescindir enteramente de la meditación. Amor sin discernimiento se convierte en sentimentalismo. Discernimiento sin amor conduce al orgullo espiritual. Por otra parte, todos estamos involucrados en la acción, como el fuego en el humo.

El Cristianismo, por ejemplo, es un acercamiento a Dios prominentemente bhakta o de tipo devocional, aun así entre sus santos encontramos muchos de tipo gñana como Tomás de Aquino; karma yoguis como Vincent de Paul, etc. Todo es cuestión de énfasis; y cada uno de nosotros tiene su propia mezcla o combinación de yogas. Pero la observancia de los 'miembros de yoga' es esencial, sea cual sea el yoga que sigamos.

Con respecto a bhakti yoga, es interesante citar una conversación entre Sri Ramakrishna y uno de sus discípulos:

Discípulo: "Señor, ¿ es Dios con forma o sin forma?".

Sri Ramakrishna: "Nadie puede decir definitivamente que es 'esto' y nada más. Él es sin forma y también tiene formas. Para un devoto Dios asume formas. Él es sin forma para el gñani que siguiendo el sendero del discernimiento ha experimentado en su íntimo ser la insignificancia de su ego y del mundo de apariencias. Él realiza a Brahman en lo más recóndito de su conciencia. Las palabras no pueden expresar aquella Realidad.

Para el devoto el mundo es real, una creación de Dios y él mismo también es real como una entidad separada. Para un devoto, Dios aparece como un Ser Personal. ¿Sabes cómo es esto? Imagina a Brahman como un océano sin orillas. Por la influencia refrescante, por así decir, del intenso amor del devoto, el agua sin forma se congela en ciertos lugares formando bloques de hielo. Es decir, Dios algunas veces se revela a sus devotos como una Persona, con formas. Con el amanecer del sol del conocimiento, los bloques de hielo se disuelven; entonces uno no lo ve como a una Persona ni ve más sus formas. ¿Quién queda entonces para describir a quién? El ego ha desaparecido completamente".

Discípulo: "Señor, ¿porqué hay tantas opiniones diferentes sobre la naturaleza de Dios?".

Sri Ramakrishna: "En realidad no hay contradicción. Como un hombre lo realiza, así es como él se expresa. Si de alguna manera lo realiza, entonces no encuentra la menor contradicción ...Kabir decía: 'El Absoluto sin forma es mi Padre y Dios con forma es mi Madre'".

Discípulo: "Señor, ¿es posible ver a Dios? Si es así, ¿por qué no lo vemos?".

Sri Ramakrishna: "Sí; con seguridad que Dios puede ser visto. Uno puede verlo con forma y también puede verlo sin forma".

Discípulo: "Entonces, ¿cuáles son los medios para verlo?".

Sri Ramakrishna: "Puedes llorar por él con un corazón anhelante? Los hombres derraman jarras de lágrimas por sus hijos, esposa o dinero, pero ¿quién llora por Dios?

Mientras el niño continua entretenido con sus juguetes la madre se ocupa de sus deberes hogareños. Pero cuando el niño se cansa de sus juguetes y arrojándolos a un lado, llama a gritos a su madre, entonces ella se apresura a llegar a él y lo toma en sus brazos".

Así como el devoto puede elegir el aspecto particular de Dios que más le inclina a adorarlo, así también puede elegir la clase especial de relación que quiere establecer con Dios. Para Jesús, Dios era Padre. Para Ramakrishna, Dios era Madre. El hermano Lorenzo se consideraba como el servidor de Dios. Los sabios de Oriente adoraron a Dios como el Niño Jesús. En la persona de Sri Krishna, Aryuna vio a Dios como un Amigo, mientras Radha lo vio como un Amante. De este modo, todas las relaciones humanas pueden ser sublimadas por medio de la práctica de bhakti yoga.

46. Postura (asana) es sentarse en una posición firme y cómoda, exenta de toda tensión.

Asana significa dos cosas: el asiento sobre el cual el yogui se sienta y la manera en que él se sienta allí. Con respecto al primer significado, el *Guita* nos dice: "El asiento debe ser firme, ni demasiado elevado ni demasiado bajo y debe estar colocado en un lugar limpio. Se lo deberá cubrir primero con pasto sagrado, luego con una piel de ciervo y finalmente se colocará una tela". Tales eran los requerimientos tradicionales; sin embargo, cualquier asiento firme y conveniente resultará apto.

La tradición Hindú define también la postura: la más famosa asana es la llamada 'postura del loto' en la cual el yogui se sienta con las piernas cruzadas y con los pies recogidos bajo la parte superior de los muslos.

Hay muchas otras posturas que requieren una mayor flexibilidad de los miembros. Lo que realmente importa, sin embargo, es adoptar una posición en la cual uno pueda permanecer inmóvil y erguido, manteniendo el pecho, el cuello y la cabeza en una línea recta pero sin tensión de manera que uno pueda olvidar totalmente el cuerpo. Esto no es fácil al comienzo. Los principiantes de edad madura pueden hallar más confortable el sentarse bien derechos en una silla; no obstante, es más conveniente sentarse en el piso para evitar todo peligro de caerse estando absorto.

El valor de mantener el cuerpo siempre erecto es evidente aun para aquellos que nunca practicaron meditación. Se sabe por experiencia que uno piensa con más claridad en esa posición, que estando sentado con la espalda encorvada. Para el yoqui, la postura erecta es absolutamente necesaria. Cuando la mente ha quedado profundamente absorta, se siente una corriente espiritual que se eleva a través de la columna vertebral y el pasaje para esta corriente debe mantenerse bien recto y abierto. En los aforismos 49 y 50 de este capítulo continuaremos hablando de este tema.

47. Se adquiere una postura firme y relajada por medio del control de las tendencias naturales del cuerpo y a través de la meditación sobre el Infinito.

Es muy raro que la gente adopte una postura natural; la mayoría se sienta de cualquier manera y por lo tanto, quedan sujetas a toda clase de tensiones físicas. Es así que asana debe ser perfeccionada mediante un cuidadoso entrenamiento. El propósito es lograr un estado alerta, libre de todo esfuerzo, en el cual el cuerpo esté perfectamente firme y aun así totalmente relajado. Dado que un cuerpo mal adaptado sólo expresa un estado mental tenso e intranquilo, se nos aconseja calmar nuestra mente meditando en lo que es infinito. Nuestra mente es incapaz de imaginar el infinito Brahman; en cambio puede pensar en la ilimitada expansión del cielo o el espacio.

48. Desde ese momento, no habrá más problemas por las dualidades de la experiencia sensoria.

Es decir, lo que el Guita llama 'los pares de opuestos', la aparente dualidad del mundo fenomenal: calor y frío; placer y dolor, bueno y malo, etc.

Semejante dominio total del cuerpo, por supuesto no proviene de la postura solamente. Surge de un estado de absorción en la conciencia de Dios. Patanjali continúa describiendo las prácticas adicionales, necesarias para alcanzar este estado.

49. Una vez dominada la postura, debe practicarse control del prana (pranayama) deteniendo las funciones de inhalación y exhalación.

50. El aliento puede ser retenido externa o internamente o controlado en su función media y regulado de acuerdo al lugar, tiempo y número fijo de respiraciones, de manera que la interrupción sea prolongada o breve.

Como hemos visto (I, 34) pranayama es la energía vital por la cual vivimos. Dado que esta energía es renovada por la respiración, prana puede algunas veces ser traducida como 'respiración'; pero la palabra tiene un sentido mucho más amplio, dado que todos los poderes del cuerpo y todas las funciones de los sentidos y de la mente, son considerados como expresiones de la fuerza de prana.

Con respecto al tema citaremos un fragmento del *Prasna Upanishad*:

Entonces Bhargava se aproximó al maestro y le preguntó: "Reverenciado señor, ¿de qué manera los diversos poderes mantienen unido a este cuerpo? ¿Cuál de ellos se manifiesta más en él? ¿Y cuál es el más grande?".

Replicó el sabio: "Los poderes son el éter, el aire, el fuego, el agua y la tierra; éstos son los cinco elementos que componen el cuerpo; además, el habla, la mente, ojo, oído y el resto de los órganos sensorios. Una vez, estos poderes hicieron esta jactanciosa aseveración: 'Nosotros mantenemos el cuerpo unido y lo sustentamos'. De inmediato Prana, la energía primordial, suprema entre ellos, dijo: 'No os engañéis. Soy yo solamente, dividiéndome en cinco, que mantengo unido a este cuerpo y lo sustento'. Pero ellos no le creyeron...

Prana, para explicarse, hizo como si fuera a dejar el cuerpo. Pero tan pronto como se levantó y aparentó irse, el resto se dio cuenta de que si se iba, ellos tendrían que irse con él; y cuando Prana se sentó nuevamente, el resto volvió a sus respectivos lugares. Así como las abejas salen cuando su reina sale y regresan cuando ella regresa, así pasa con el habla, la mente, la visión, la audición y el resto. Convencidos de su error, los poderes alabaron a Prana diciendo: 'Como fuego, Prana quema; como el sol, brilla; como nube, llueve; como viento, sopla; como la luna, nutre todo. Él es lo visible y también lo invisible. Él es la vida inmortal'".

De acuerdo con la fisiología de raya yoga, una enorme reserva de energía espiritual se encuentra situada en la base de la columna vertebral. Esta reserva de energía es conocida como *kundalini* ('aquello que está enroscado'); por lo tanto, algunas veces se la menciona como 'el poder serpentino'. Cuando la kundalini se despierta, se dice que viaja hacia arriba por la columna vertebral a través de los seis centros de conciencia hasta alcanzar el séptimo, el centro del cerebro. A medida que alcanza los centros superiores, produce diferentes grados de iluminación. El proceso está muy bien explicado en las palabras de Sri Ramakrishna:

> "Las escrituras hablan de siete centros de conciencia. La mente puede morar en uno u otro de los centros. Cuando la mente está sumergida en la mundanalidad, mora en los tres centros inferiores: el ombligo, el órgano de reproducción y el órgano de evacuación. La mente en tal caso no tiene ambiciones espirituales elevadas. Está inmersa en la lujuria y la codicia.
>
> El cuarto centro está en el corazón. Cuando la mente mora allí, el hombre experimenta su primer despertar espiritual. Tiene la visión de la divina Luz y mudo de admiración la contempla y exclama: '¡Ah! ¿Qué es esto? ¿Qué es esto?' Su mente ya no corre hacia los centros inferiores.
>
> El quinto centro está situado en la garganta. Aquel cuya mente ha alcanzado este centro está libre de ignorancia e ilusión. Él solo anhela hablar y oír de Dios.
>
> El sexto centro está situado en el entrecejo. Cuando la mente alcanza este centro, el aspirante logra la visión directa de Dios, de día y de noche. Pero todavía queda una pequeña barrera entre el devoto y Dios... Es como la luz dentro de una linterna; uno cree poder tocar la luz, pero en realidad no puede, debido a la barrera de vidrio que se interpone.
>
> El séptimo centro está situado en la coronilla. Cuando la mente llega allí, el aspirante entra en samadhi; se vuelve un conocedor de Brahman, unido con Brahman".

El estudio del raya yoga resulta sumamente beneficioso para aquellos cuyas mentes han sido distorsionadas por una educación puritana convencional. El peligro del puritanismo es que nos induce a considerar ciertas funciones y facultades del cuerpo como malas y otras funciones y facultades como buenas, sin encontrar relación alguna entre ambos grupos.

Raya yoga nos recuerda que la mente y el cuerpo tienen una sola fuerza de vida. Esta fuerza se expresa en diferentes maneras a distintos niveles de conciencia. Puede impulsar a un hombre a pintar un cuadro, a correr una carrera, a hacer el amor o a rezar. Pero siempre es la misma fuerza, no importa hacia donde nos lleve; de la misma manera que en una tienda el mismo elevador nos lleva hasta el departamento de señoras, de artículos deportivos, mueblería y al restaurante del último piso. Algunas personas que han leído (y mal comprendido) a Freud, dicen despreciativamente: "la religión no es más que represión sexual". Es muy probable que esta observación nos moleste y nos haga abandonar la religión con disgusto. Pero no le hubiera molestado a Patanjali en lo más mínimo; más bien habría reído ante tal estupidez y replicado: el sexo no es otra cosa que religión en potencia. Utiliza la misma energía para un fin más elevado y obtendrás la iluminación.

De acuerdo con raya yoga, la columna vertebral contiene dos corrientes nerviosas (*ida* a la izquierda y *pingala* a la derecha) y un pasaje central llamado el *sushumna*. Cuando la kundalini se despierta asciende por el sushumna, el cual normalmente permanece cerrado en las personas no espirituales. Al referirse a los centros del ombligo, el corazón, la garganta, etc., Ramakrishna utilizaba una referencia física para diferenciarlos, pero en realidad, los centros están situados dentro del sushumna mismo.

Estos centros también son tratados como 'lotos' en la literatura yóguica, porque se dice que aparecen en la forma de un loto a aquellos cuya visión espiritual les permite verlos (I, 36). Vivekananda sugiere que pensemos en estos lotos como correspondientes a los diversos plexos de la fisiología Occidental. Como hemos visto, la fisiología yoga no hace distinción alguna entre materia densa y sutil; todo es cuestión de grado.

Dice Vivekananda:

"Cuando por el poder de una prolongada meditación interna, la vasta masa de energía almacenada viaja a lo largo del sushumna y choca con los centros, la reacción es tremenda, inmensamente superior a la reacción del sueño o la imaginación; inmensamente más intensa que la reacción de la percepción sensoria. Donde haya alguna manifestación de lo llamado comúnmente poderes sobrenaturales o sabiduría, allí una pequeña corriente de kundalini debe haber encontrado su camino dentro del sushumna; solamente que en la mayoría de los casos, esas personas ignoran que han dado con alguna práctica que puso en libertad una minúscula porción de la kundalini".

"Todo culto, consciente o inconscientemente conduce a este fin. El hombre que piensa que está recibiendo respuestas a sus oraciones no sabe que el cumplimiento proviene de su propia naturaleza, porqué él ha logrado, mediante la actitud mental de la oración, despertar una pequeña porción de este infinito poder que está enrollado dentro suyo. Lo que el hombre ignorante adora bajo diversos nombres, a causa del temor y de las tribulaciones, el yogui declara que es el poder enrollado en cada ser, la madre de la eterna felicidad, siempre que sepamos cómo acercarnos a ella. Y yoga es la ciencia de la religión, lo racional de todo culto, plegarias, formas, ceremoniales y milagros".

El objeto de pranayama es despertar la kundalini y, en consecuencia, controlar el prana, la energía vital. Prana, como ya se ha dicho, se manifiesta principalmente en la función de la respiración. Si ésta se retiene después de una exhalación, cuando los pulmones se han vaciado de aire, se dice que la retención es 'externa'; si la respiración se retiene después de una inhalación, es una retención 'interna'.

La palabra 'lugar' en este aforismo debe entenderse por la parte particular del cuerpo en la cual se retiene la respiración dado que una inhalación o exhalación no necesita ser total. Entonces, nuevamente, la respiración puede ser retenida por cierto período de tiempo.

Hay otras técnicas más avanzadas, las cuales tienen poco lugar en este comentario, dado que estamos ocupados principalmente con la enseñanza espiritual y filosófica de Patanjali. Lo que debemos hacer notar es lo siguiente: que nadie debe practicar los avanzados ejercicios de pranayama sin la constante supervisión de un maestro experimentado. Y bajo ninguna circunstancia deben practicarse, si el practicante no lleva una vida absolutamente casta, dedicada totalmente a la búsqueda de Dios. De otra manera, tales prácticas, pueden producir disturbios mentales peligrosos. Aquellos que animan a otros a adaptar tales prácticas sea por curiosidad o vanidad, pueden ser considerados criminales. El tremendo poder de la kundalini no es algo para jugar o profanar.

Hay, sin embargo, un ejercicio respiratorio inofensivo que puede ser puesto en práctica para tranquilizar la mente y prepararla para la concentración, consiste en cerrar la fosa nasal derecha con el pulgar de la mano derecha y respirar profundamente por la fosa izquierda. Al hacerlo, uno debe sentir que está inhalando el puro y sagrado prana y enviando una corriente hacia abajo por el nervio ida a la kundalini, situada dentro del loto básico triangular ubicado en la parte inferior de la columna. Retener la respiración durante un momento repitiendo la sagrada sílaba OM. Luego, al dejar libre la fosa derecha, cerrar la izquierda con el dedo índice de la mano derecha. Exhalar a través de la fosa derecha, sintiendo que al hacerlo estamos expeliendo todas las impurezas del cuerpo. Luego, manteniendo todavía la fosa izquierda tapada, inhalar a través de la derecha, enviando la corriente hacia abajo por el nervio pingala y repitiendo el proceso a la inversa. (En otras palabras: solamente una fosa a la vez se mantiene abierta y el cambio se hace siempre antes de la exhalación). Puede continuarse con este ejercicio durante varios minutos hasta que uno comienza a sentir sus efectos calmantes. No hay probabilidad de que cause daño alguno dado que no implica una prolongada retención de la respiración o una excesiva estimulación del cuerpo con demasiado oxígeno.

51. La cuarta clase de pranayama es la retención de la respiración causada por la concentración sobre un objeto externo o interno.

Los dos aforismos precedentes han definido tres funciones de pranayama: inhalación, exhalación y retención de la respiración durante cierto número fijo de veces. Estas acciones son controladas por la voluntad consciente; son partes de un ejercicio deliberado.

Pero la cuarta función es involuntaria y natural. Cuando un hombre ha logrado completo control del prana por medio de ejercicios o cuando ha alcanzado cierto grado de desarrollo espiritual a través de la devoción a Dios sin la práctica de pranayama, entonces su respiración puede detenerse espontáneamente en cualquier momento mientras está profundamente absorto en concentración. Esta detención natural de la respiración puede continuar por algunos segundos o minutos; él ni siquiera se dará cuenta de ello. En el estado de samadhi, la respiración se detiene totalmente durante horas seguidas. Esta especie de suspensión de la respiración no es peligrosa porque ha avanzado lo suficiente y es capaz, por lo tanto, de soportarlo.

52. Como resultado de esto, se quita la cubierta de la luz Interna.

La 'Luz Interna' es la luz del discernimiento espiritual entre lo Real y lo irreal. 'La cubierta' está hecha de la ignorancia producida por nuestros pasados karmas. Cuando la mente se purifica por medio de la práctica de pranayama, esta ignorancia gradualmente se disipa.

53. La mente obtiene el poder de concentración (dharana).

Patanjali define la concentración en el primer aforismo del próximo capítulo.

54. Cuando la mente se retira de los objetos sensorios, los órganos de los sentidos también se retiran de sus respectivos objetos y así, se dice, imitan a la mente. Esto es conocido como pratyahara.

55. Entonces surge el dominio completo sobre los sentidos.

Así como las provincias de un país son controladas al principio por el gobierno central, así nosotros debemos comenzar por controlar la mente antes de poder controlar el resto del cuerpo. Mientras haya un deseo en la mente, los órganos sensorios se moverán ansiosa y casi involuntariamente hacia el objeto del deseo. Se dice que un hombre tiene 'el ojo errante' cuando sus ojos siguen por su propia cuenta la figura de una joven atrayente que pasa a su lado por la calle.

Los órganos de los sentidos son como animales imitando instintivamente a su amo. Si el amo es débil y sujeto a ciertas pasiones, entonces los órganos de los sentidos lo imitarán y hasta exagerarán su debilidad, arrastrándolo detrás de ellos como un niño es arrastrado por un perro fuerte y revoltoso. Pero cuando la mente es fuerte y controlada, los órganos de los sentidos se convierten en sus disciplinados y obedientes servidores. Entonces ellos imitan su fuerza en lugar de su debilidad.

Con el fin de controlar la mente, tenemos que llegar a conocerla. No todos conocemos objetivamente cómo son los interiores de nuestras mentes. Nuestros temores y deseos dominantes se han vuelto tan familiares para nosotros que ni siquiera los notamos; son como repetidos toques de tambor retumbando constantemente en la raíz de nuestros pensamientos. Así, a modo de ejercicio preliminar, es bueno dedicar algún tiempo de nuestra vida diaria a vigilar nuestra mente, escuchando esos toques de tambor.

Probablemente lo que veamos y escuchemos no nos agrade, pero debemos ser muy pacientes y objetivos. La mente, al verse así vigilada, paulatinamente se calmará. Se sentirá por así decir, avergonzada de su propia codicia y necedad. Porque ninguna dosis de crítica externa es tan efectiva y penetrante como nuestro propio análisis. Si continuamos este ejercicio regularmente durante varios meses, con toda seguridad avanzaremos en alguna medida hacia el control de la mente.

III
PODERES

1. Concentración (dharana) es mantener la mente dentro de un centro de conciencia espiritual en el cuerpo o bien fijándola sobre alguna forma divina, sea dentro o fuera del cuerpo.

Los primeros cinco 'miembros' de yoga ya han sido tratados en el capítulo anterior. Restan tres: concentración (dharana), meditación (dhyana) y absorción (samadhi). Los centros de conciencia a los cuales se hace referencia aquí son los siete lotos (II. 49, 50). Para concentrarnos, primero debemos fijar la mente sobre la luz Interna dentro de uno de esos lotos, según directivas del maestro; o bien, podemos concentrarnos sobre la forma de nuestro Ideal, tratando de visualizar esa forma dentro de un loto o bien completamente fuera de nuestro cuerpo.

2. Meditación (dhyana) es un ininterrumpido fluir del pensamiento hacia el objeto de concentración.

En otras palabras, meditación es una prolongada concentración. El proceso de meditación a menudo es comparado al acto de verter aceite de un recipiente a otro en una constante e ininterrumpida corriente. Ya hemos visto (I. 2) que Patanjali define al pensamiento como una ola (vritti) en la mente. Por lo general, una ola de pensamiento surge, permanece en la mente durante un momento y luego desaparece para ser reemplazada por otra ola. En la práctica de meditación surgen en la mente una sucesión de olas idénticas con tal rapidez que a ninguna ola le es dado desaparecer antes que otra surja para tomar su lugar. Por lo tanto, el efecto es de continuidad. Si uno filma treinta metros de película sin mover la cámara o el objeto y luego proyecta el resultado sobre una pantalla, los espectadores podrán muy bien estar mirando a una única fotografía inmóvil. Las muchas imágenes idénticas se fusionaron en una.

3. Hay absorción (samadhi) cuando durante la meditación la verdadera naturaleza del objeto resplandece sin que la distorsione la mente del que percibe.

Por lo general, la percepción sensoria es distorsionada y coloreada por la imaginación del que percibe. Decidimos de antemano lo que imaginamos que vamos a ver y esta idea preconcebida interfiere con nuestra visión. A menudo, grandes pintores han sido atacados con violencia porque han pintado paisajes como en realidad eran y no como la gente pensaba que debían ser.

Es únicamente en la percepción suprasensoria de samadhi que vemos un objeto a la luz de la verdad de su propia naturaleza, absolutamente libre de las distorsiones de nuestra imaginación. Samadhi es, en realidad, algo más que percepción; es conocimiento directo. Cuando Sri Ramakrishna dijo a Vivekananda: "Veo a Dios más real de lo que te veo a ti", decía la verdad literal. Porque Ramakrishna estaba diciendo que él veía a Dios en samadhi, mientras que veía a Vivekananda con los ojos de su percepción sensoria común que forzosamente debía aportar cierto grado de distorsión.

4. Cuando concentración, meditación y absorción son dirigidas a un único objeto, se llama samyama.

Samyama es el término técnico apropiado para describir el triple proceso por el cual la verdadera naturaleza de un objeto es conocida.

5. A través del dominio de samyama viene la luz del conocimiento.

6. Debe ser aplicado paso a paso.

Patanjali nos advierte no ir demasiado a prisa. De nada sirve intentar la meditación antes de haber dominado la concentración. Es inútil tratar de concentrarse sobre objetos sutiles hasta que no seamos capaces de concentrarnos sobre objetos densos. Cualquier intento de tomar un atajo hacia el conocimiento de esta clase es extremadamente peligroso. Uno puede, por ejemplo, obtener experiencias psíquicas bajo la influencia de ciertas drogas, pero tales experiencias así obtenidas no proporcionan ningún beneficio espiritual duradero. Por lo contrario, se suele recaer en la desesperación y en un agnosticismo total.

En el *Vishnu Purana*, una de las escrituras Hindúes, se enseña la práctica de la meditación por etapas, comenzando con la adoración de Dios con forma y culminando en la realización de la unidad del Atman y Brahman.

Medita en Vishnu, el Morador en el corazón de todos los seres sentado en un loto dentro de los rayos del sol, con su cuerpo luminoso, adornado con diadema, collar, pendientes y brazaletes de gran brillo y esplendor y sosteniendo en sus manos la caracola y la maza.

Luego el sabio debe meditar sobre la benigna y luminosa forma de Señor sin la caracola y maza, pero adornado con ornamentos.

A medida que la mente queda concentrada en la forma, él debe fijar su mente sobre la forma sin ornamentos.

Luego debe meditar sobre su unidad con la luminosa forma del Señor.

Finalmente, debe dejar que la forma se desvanezca y meditar sobre el Atman.

7. Esas tres son ayudas para la experiencia, mucho más directas que los cinco miembros descriptos con anterioridad.

Es decir, que los primeros cinco miembros de yoga son solamente una forma de entrenamiento para el aspirante, para prepararlo en la práctica de samyama (concentración, meditación, absorción). La mente y los sentidos deben ser purificados cultivando virtudes éticas y el organismo, en su totalidad, deberá ser fortalecido con el fin de poder sobrellevar las tremendas experiencias que le esperan. Pero esto es sólo el comienzo. Aun la perfección en samyama es sólo el comienzo. Por lo tanto, cada vez que nos sintamos orgullosos por una pequeña indicación de nuestro crecimiento espiritual, haremos bien en recordar las sorprendentes y solemnes palabras de Brahmananda: "La vida espiritual comienza *después* de samadhi".

8. Pero aun éstas no son ayudas directas para el samadhi sin semilla.

La práctica de samyama conduce al samadhi más inferior; pero el samadhi 'sin semilla' (nirvikalpa) demanda un mayor y mucho más intenso esfuerzo espiritual (I. 51; casi todo lo que Patanjali dice aquí sobre el tema es simplemente una recapitulación).

Patanjali habla ahora de nirvikalpa:

9. Cuando la visión del samadhi inferior es suprimida mediante un acto de control consciente, de manera que no haya más pensamientos o visiones en la mente, ese es el logro del control de las olas de pensamiento de la mente.

10. Cuando este aquietamiento de las olas mentales se vuelve quietud, la corriente de la mente está en calma.

11. Cuando todas las distracciones mentales desaparecen y la mente queda fija en un sólo punto, entra en el estado llamado samadhi.

12. La mente se vuelve firme en un solo punto cuando surgen olas de pensamiento similares en sucesión y sin ningún espacio entre ellas.

Se ha dicho que si la mente puede ser entrenada de manera que fluya ininterrumpidamente hacia el mismo objeto durante doce segundos, esto puede ser llamado concentración. Si la mente puede continuar en esa concentración multiplicada durante doce segundos por dos (es decir, dos minutos y veinticuatro segundos), puede ser llamado meditación. Si la mente puede continuar en esa meditación durante doce veces dos minutos y veinticuatro segundos (es decir, veintiocho minutos y cuarenta y ocho segundos), esto será el samadhi inferior. Y si el samadhi inferior puede ser mantenido durante doce veces por ese periodo (es decir, cinco horas, cuarenta y cinco minutos y treinta y seis segundos) esto conducirá al nirvikalpa samadhi.

13. En este estado se va más allá de las tres clases de cambios

que tienen lugar en la materia sutil o densa y en los órganos: cambio de forma, cambio de tiempo y cambio de condición.

14. Un objeto compuesto tiene atributos y está sujeto a cambios, sea en el pasado, el presente o al ser manifestados más adelante.

15. La sucesión de estos cambios es la causa de la evolución múltiple.

Todo objeto dentro del reino de materia diferenciada tiene atributos y es un objeto compuesto, en virtud de que está hecho de los tres gunas en combinaciones variables. Como ya ha sido explicado en el cap. I, los atributos de un objeto varían y cambian de acuerdo a la acción de las gunas y la constitución de los samskaras. Cualquier objeto puede convertirse en otro objeto. Por lo tanto, el yogui iluminado no ve una diferencia esencial entre un pedazo de oro y un cascote de tierra. En consecuencia él adquiere completo desinterés hacia los objetos del mundo fenomenal.

16. Mediante la práctica de samyama sobre las tres clases de cambio, uno obtiene conocimiento del pasado y del futuro.

Patanjali ahora comienza a describir los diferentes poderes ocultos y los métodos mediante los cuales éstos son adquiridos. Todas las autoridades en yoga, incluso Patanjali, consideran a los poderes ocultos como el obstáculo más grande en el sendero de la verdad. Sri Ramakrishna los llamó 'montículos de basura'. Buda claramente aconsejó a sus discípulos a que no pusieran su fe en milagros sino que aprendieran a ver la verdad en los principios eternos. Cristo habló muy severamente contra aquel que 'busca una señal' y es muy lamentable que sus seguidores no hayan tomado más seriamente su censura.

Sin duda los poderes ocultos existen y Patanjali, en su tratado sobre psicología yoga, obviamente no puede ignorarlos. Hemos traducido los aforismos siguientes con el único fin de ofrecer una traducción completa, si bien lo hacemos con un mínimo de explicación técnica. El verdadero y sincero aspirante espiritual tendrá muy poco interés en este tema.

En Occidente, estos poderes rara vez son puestos de manifiesto y en consecuencia son objeto de una buena dosis de escepticismo. Aun así, todos ellos están dentro de cada uno de nosotros y pueden ser desarrollados mediante constante práctica. El hombre occidental ha hecho una elección diferente, ha optado por concentrarse en los poderes de la producción mecánica más que en los poderes psicológicos y así, en lugar de telepatía tenemos el teléfono; en lugar de levitación, el helicóptero y en lugar de clarividencia, la televisión.

Podemos lamentar el materialismo expresado mediante tal opción, pero tal vez este es el menor de los males; una comunidad de yoguis degenerados utilizando poderes psíquicos para fines políticos o comerciales, haría la vida mucho más desagradable de vivir en nuestro mundo actual controlado por el átomo. Por lo tanto, dejemos de correr tras los poderes psíquicos y regresemos al verdadero sendero, hacia el crecimiento espiritual, recordando la advertencia de Patanjali de que "hay poderes en el estado terrenal, pero ellos son obstáculos para el logro de samadhi".

17. Practicando samyama sobre el sonido de una palabra, la percepción de su significado y la reacción que le sigue –tres cosas que son por lo general confusas–, uno obtiene comprensión de todos los sonidos pronunciados por los seres humanos.

Generalmente no hacemos ninguna distinción entre oír el sonido de una palabra, comprender su significado y la reacción en un sentido u otro de la información que contiene. Si alguien grita 'fuego', inmediatamente damos un salto. En cambio el yogui puede separar estas tres funciones. Mediante la práctica de samyama, él puede comprender idiomas extranjeros y los sonidos emitidos por toda clase de animales.

18. Mediante samyama sobre previas olas de pensamiento, uno obtiene el conocimiento de sus vidas pasadas.

Cuando una ola de pensamiento se calma, permanece en la mente en forma diminuta, sutil. Por lo tanto puede ser revivida como memoria; a su vez, esta memoria puede ser llevada hacia atrás penetrando existencias anteriores.

19. Aplicando samyama sobre los rasgos distintivos del cuerpo de una persona, uno conoce la naturaleza de su mente.

20. Pero no de su contenido, porque ese no es el objeto de samyama.

Para conocer el contenido de la mente de otra persona, el yogui tendría que practicar una segunda samyama sobre el corazón. (III, 45).

21. Si uno aplica samyama sobre la forma de su propio cuerpo obstruyendo su perceptibilidad y separando su poder de manifestación de los ojos del espectador, entonces el cuerpo de uno se vuelve invisible.
22. Así también, sus sonidos cesan de ser oídos.

En otras palabras, es posible para el yogui mientras permanece presente en un cuarto, obstruir la manifestación externa de su cuerpo, de tal manera que los sentidos de los demás no podrán detectarlo. La realidad detrás de la manifestación externa permanecerá, pero dado que esta realidad no puede ser detectada por los órganos densos sensorios de otras personas, el yogui se vuelve invisible, inaudible, no percibido, etc.

23. Mediante samyama sobre dos clases de karma –el que pronto dará frutos y el que no dará frutos hasta más adelante– o mediante el reconocimiento de los presagios de la muerte, un yogui puede conocer el momento de su separación del cuerpo.

'Presagios de la muerte' incluye diferentes fenómenos físicos y psíquicos junto con visiones de seres sobrenaturales (es mejor no ser demasiado explícito aquí, para evitar que los lectores puedan alarmarse sin motivo). Los hindúes creen que es muy importante conocer la hora exacta de nuestra propia muerte con anterioridad, dado que lo que uno piensa en ese momento determinará hasta cierto grado su vida inmediata en el más allá.

24. Practicando samyama sobre la compasión, amistad, etc., uno desarrolla los poderes de estas cualidades.

Esto se refiere al aforismo 33 del capítulo I: "Amistad hacia el que es feliz; compasión por el desgraciado, alegría con el virtuoso". El yogui que domina este samyama tiene el poder de dar alegría a todo el que encuentra y de aliviarlo de su sufrimiento y preocupación.

25. Mediante samyama sobre alguna clase de fuerza, como la del elefante, uno obtiene esa fuerza.

26. Mediante samyama sobre la luz Interna, uno obtiene conocimiento de lo que es sutil, oculto o muy distante.

La Luz Interna es la luz del loto dentro del corazón a la cual hace referencia I. 36.

27. Mediante Samyama sobre el sol, uno obtiene conocimiento de los espacios cósmicos.

28. Mediante samyama sobre la luna, uno consigue conocimiento sobre la ordenación de las estrellas.

29. Mediante samyama sobre la estrella polar, uno obtiene conocimiento del movimiento de las estrellas.

Ya nos hemos referido al hecho de que hay una gran similitud entre la cosmología de Patanjali y las teorías de los modernos físicos atómicos. Los antiguos hindúes prácticamente no tenían –hasta donde conocemos– ningún instrumento científico de precisión. Este sólo hecho parece ofrecer una prueba de la validez de los poderes psíquicos, porque ¿de qué otra manera estos sabios lograron concebir una imagen exacta y total de la naturaleza del universo? El conocimiento de ellos no pudo estar basado, como el nuestro, simplemente sobre una percepción sensoria asistida por instrumentos.

30. Mediante samyama sobre el ombligo, uno obtiene conocimiento de la constitución del cuerpo.

31. Mediante samyama sobre la cavidad de la garganta, uno apacigua el hambre y la sed.

32. Mediante samyama sobre el tubo (nervio karma) dentro del pecho, uno adquiere absoluta inmovilidad.

La inmovilidad, por ejemplo, de la serpiente o del lagarto. Esto permite al yogui meditar sin ser perturbado por los movimientos involuntarios de su cuerpo.

33. Mediante samyama sobre el resplandor dentro de la parte posterior de la cabeza, uno consigue ver seres celestiales.

El resplandor dentro de la parte posterior de la cabeza no debe confundirse con el resplandor del séptimo loto, el centro más elevado de la conciencia espiritual, situado en la parte superior de la cabeza (II. 50).

34. Todos estos poderes de conocimiento pueden llegarle también a uno cuya mente es iluminada espontáneamente por medio de la pureza.

Cuando la mente ha alcanzado un estado muy elevado de purificación, los poderes psíquicos pueden llegarle espontáneamente y sin haber sido solicitados, sin practicar samyama.

35. Mediante samyama sobre el corazón, uno logra el conocimiento del contenido de la mente.

36. El poder del goce surge de una falla en el discernimiento entre el Atman y el guna sattwa, los cuales son totalmente diferentes. El guna sattwa es simplemente el agente del Atman, el cual es independiente y existe sólo con un fin en sí mismo. Pero aplicando samyama en la independencia de

Atma, uno obtiene el conocimiento de Atma

En el estado común de conciencia, el placer más elevado que podemos conocer es el gozo inspirado por sattwa. En nuestra ignorancia esto nos parece idéntico a la dicha del puro Atman, pero no es así. Sattwa, hasta en su estado más puro es todavía un guna y la dicha sattwica contiene todavía una medida de egotismo.

Lo que nosotros tenemos que comprender es que los gunas son solamente agentes del Atman y que la dicha sattwica es un pálido reflejo de la dicha del Atman, la cual está libre de todo egotismo y totalmente independiente de los gunas. Por medio de este samyama y discriminando entre Atman y sattwa, el yogui va más allá del gozo terrenal y se vuelve la dicha del Atman mismo.

37. Entonces uno logra el conocimiento ocasionado por la espontánea iluminación y obtiene poderes sobrenaturales de oír, tocar, ver, gustar y oler.

38. Estos son poderes en el plano mundano y obstáculos para el samadhi.

39. Cuando las ligaduras de la mente causadas por karma se han aflojado, el yogui puede entrar en el cuerpo de otra persona mediante el conocimiento de la función de sus corrientes nerviosas.

Dice Vivekananda: "El yogui puede entrar en un cuerpo muerto, hacerlo levantar y moverlo, aun mientras él mismo está trabajando en otro cuerpo. O puede entrar en un cuerpo viviente y mantener bajo control la mente y los órganos de ese hombre y por el momento actuar a través del cuerpo de ese hombre".

Esto nos recuerda una historia relacionada con el gran santo y filósofo Shankara.

Cuando Shankara era todavía un adolescente, vivía un filósofo de nombre Mandan Misra quien sostenía que la vida del hogareño era superior a la del monje, opinión que era compartida ampliamente en toda India. Shankara resolvió mantener un debate con Misra, sabiendo que si él podía convertirlo, también podía convertir a los muchos discípulos de Misra. Después de vencer considerables dificultades, logró que Misra estuviera de acuerdo y se convino que Shankara, en el caso de perder, debería convertirse en un hogareño y que si Misra perdía debería convertirse en un monje. Por sugerencia de Shankara, Bharati, esposa de Misra y famosa erudita, actuaría como árbitro.

Luego de un debate de varios días, Misra tuvo que admitir su total derrota. Entonces Bharati dijo a Shankara: "Escucha: esposo y esposa son una sola persona; tú has vencido solamente a la mitad de nosotros. Ahora deberás discutir conmigo. Puede que tú sepas todo sobre filosofía, pero yo elijo otro tema. Elijo el sexo. Es una gran ciencia. Antes que tú puedas proclamar que somos tus discípulos, tendrás que debatir conmigo y vencerme en la discusión".

Por un momento Shankara quedó desconcertado. Como monje y siendo muy joven, no sabía nada sobre sexo. No obstante, se le ocurrió un plan y pidió un mes de plazo, al que Bharati accedió.

En ese tiempo un rey llamado Amaraka estaba por morir. Shankara dijo a sus discípulos que ocultaran su propio cuerpo en un lugar seguro y lo cuidaran. Luego, mediante poderes yóguicos, Shankara dejó su cuerpo y entró en el cuerpo recién muerto del rey. Amaraka aparentemente revivió y continuó ejerciendo el reinado bajo la guía de Shankara.

Shankara-Amaraka demostró ser un brillante y justo gobernante, ganando la admiración de todos. Pero las dos esposas de Amaraka pronto se dieron cuenta de que algo extraño había sucedido. Porque el nuevo Amaraka no solamente demostraba una energía juvenil asombrosa sino que parecía ser tan ignorante en cuanto al amor sexual como un niño.

Mientas tanto, las preocupaciones del reinado y de la vida doméstica comenzaron a nublar la mente de Shankara. Comenzó a olvidar el motivo por el cual se encontraba en ese cuerpo, qué había hecho y quién era. Comenzó a creer que él era realmente Amaraka y no Shankara.

Los discípulos de Shankara supieron esto. Dado que los monjes no eran admitidos en la Corte se disfrazaron de músicos ambulantes y se presentaron ante el Rey. Entonces comenzaron a cantar el poema (Moham Mudgaram) '*La destrucción de la Ilusión*' compuesto por Shankara mismo:

> Bienamado, extraños son los caminos del mundo
> y vasta tu ignorancia;
> ¿Quién es tu esposa y quién tu hijo?
> ¿De quién eres?
> ¿De dónde has venido?
> Reflexiona esto en tu corazón e
> Inclínate ante Dios con reverencia.

Estas palabras hicieron que Shankara volviera a la conciencia de su verdadera identidad. El cuerpo del Rey Amaraka se desplomó sin vida tan pronto como Shankara lo abandonó y él retomó su propio cuerpo.

Poco después, cuando Shankara apareció en la casa de Misra, Bharati supo de inmediato lo que él había hecho, ya que ella también poseía poderes yóguicos y así admitió su derrota sin debate ulterior.

40. Mediante el control de las corrientes nerviosas que gobiernan los pulmones y la parte superior del cuerpo, el yogui puede caminar sobre las aguas y los pantanos o sobre espinas y objetos similares y puede morir a voluntad.

41. Por el control de la fuerza que gobierna al prana, puede rodearse de una potente luz.

Esta es la fuerza que regula las diferentes funciones de la energía vital (prana). Un discípulo de Sri Ramakrishna realmente tenía este poder; y está registrado que una vez lo utilizó para alumbrar el camino para Sri Ramakrishna en una noche oscura. Sin embargo, más tarde Ramakrishna consideró necesario quitarle ese poder en virtud de que lo estaba haciendo peligrosamente egotista.

42. Mediante samyama sobre la relación entre el cuerpo y el éter, uno obtiene poderes sobrenaturales para oír.

43. Mediante samyama sobre la relación entre el cuerpo y el éter, o bien adquiriendo por medio de la meditación la liviandad de una fibra de algodón, el yogui puede volar por el aire.

44. Mediante samyama sobre las olas de pensamiento cuando la mente está separada del cuerpo −el estado conocido como la Gran Desencarnación− todas las cubiertas de la luz del conocimiento pueden ser quitadas.

Como en el aforismo 39, aquí se hace referencia al poder

yóguico de retirar la mente de nuestro propio cuerpo para hacerla entrar en un cuerpo ajeno. En este estado de retiro de la mente, la 'Gran Desencarnación', las coberturas mentales compuestas de rayas y tamas se consumen y la luz de sattwa se revela.

45. Mediante samyama sobre la forma densa y sutil de los elementos, sobre sus características esenciales y la inherencia de los gunas en ellos y sobre las experiencias que proporcionan al individuo, uno logra dominio sobre los elementos.

46. Además uno logra el poder de volverse tan pequeño como el átomo y otros poderes similares; también la perfección del cuerpo, el cual ya no estará más sujeto a la obstrucción de los elementos.

El yogui no solamente puede volverse tan diminuto como el átomo sino también tan gigantesco como una montaña; tan pesado como el plomo o tan liviano como el aire. Entonces los elementos dejan de estorbarle. Él puede pasar a través de una roca; mantener su mano en el fuego sin quemarse; caminar sobre el agua sin mojarse y puede mantenerse firme contra un huracán.

47. La perfección del cuerpo incluye belleza, gracia, fuerza y el vigor de un rayo.

48. Mediante samyama sobre la transformación que experimentan los órganos sensorios cuando se contactan con los objetos; sobre el poder de iluminación de los órganos sensorios; sobre el sentido del ego; la presencia de los gunas en los órganos y sobre las experiencias que proporcionan al individuo, uno

logra el dominio de los órganos.

49. Luego el cuerpo logra un poder de movimiento tan veloz como el de la mente; el poder de usar los órganos sensorios fuera de los confines del cuerpo y el dominio de Prakriti.

En el aforismo 48 se describe una samyama progresiva sobre todos los diferentes aspectos de un acto de cognición.

El poder de usar los órganos sensorios fuera de los confines del cuerpo mencionado en el aforismo 49, lo capacita a uno para ejercer la clarividencia. El dominio de Prakriti, la causa primordial, le da al yogui el control de todos los efectos que han evolucionado de Prakriti; en otras palabras, el control de la Naturaleza.

50. Mediante samyama sobre el discernimiento entre sattwa y el Atman, uno logra omnipotencia y omnisciencia.

Esta discriminación ya ha sido discutida en el aforismo 36 del presente capítulo.

51. Abandonando hasta estos poderes, la semilla del mal es destruida y la liberación llega.

La "semilla del mal" es ignorancia; porque por ignorancia el hombre olvida que él es el Atman y crea para sí mismo la ilusión de una personalidad particular y separada. Este ego-personalidad es el que está empañando en satisfacer sus propios deseos y en adquirir posesiones y poderes sobre la naturaleza exterior.

De todos los poderes, los poderes psíquicos son –desde el punto de vista del ego– los más codiciados y entre ellos, la omnipotencia y la omnisciencia (a lo cual se ha referido

Patanjali en el aforismo anterior) son obviamente los más grandes y el yogui que ha logrado tenerlos bajo su control y no obstante renunció a ellos, ha rechazado la última tentación del ego. Desde ese momento él queda libre de toda ligadura. (Por ejemplo, Cristo rechazó los poderes psíquicos que le ofreciera Satanás en el desierto).

52. Cuando tentado por los seres invisibles de regiones superiores, que el yogui no se sienta glorificado ni encantado porque él está en peligro de quedar nuevamente cautivo por la ignorancia.

"Los seres invisibles de regiones superiores" son los yoguis que han caído (I. 10), que han alcanzado el estado de dioses desencarnados o han quedado sumergidos en las fuerzas de la Naturaleza. Tales seres han fracasado en su intento de hallar la liberación precisamente porque cedieron a la tentación de los poderes psíquicos. Por lo tanto, se dice que ellos se sienten celosos de aquellos que tratan de vencer estas mismas tentaciones y así intentan arrastrarlos nuevamente a la ignorancia.

En el comentario del aforismo de Patanjali atribuido a Vyasa, el halago ofrecido al yogui por "aquellos de las regiones superiores" está descrito de una manera arcaica si bien convincente, de la siguiente manera:

"Señor, ¿se sentaría usted aquí? ¿Le gustaría descansar aquí? Usted podría gozar de este placer. Podría hallar atractiva a esta sirvienta. Este elixir desvanecerá la vejez y la muerte. En este carruaje usted puede volar por el aire. Más allá hay árboles que conceden todos los deseos. Aquella corriente celestial le dará felicidad; aquellos sabios conocen todo; estas ninfas son de una belleza incomparable y muy cálidas.

Sus ojos y oídos se volverán de una agudeza sobrenatural y su cuerpo brillará como un diamante. En consecuencia, por sus notables virtudes, venerado señor, usted tiene derecho a todas estas recompensas. Rogamos a usted que entre en este cielo que es inagotable, sempiterno, sin muerte y muy querido por los dioses".

Al yogui así tentado, se le aconseja responder de la siguiente manera:

"He sido horneado sobre las brazas espantosas de la reencarnación; me he retorcido en las tinieblas del renacimiento y la muerte. Ahora, al fin, he encontrado la lámpara de yoga que disipa las sombras de la ignorancia. ¿Cómo puedo yo que he visto su luz, dejarme arrastrar una vez más por las cosas sensorias?".

Los grandes maestros hindúes creían que el desarrollo espiritual de un yogui podía ser obstruido por fuerzas externas, por los dioses desencarnados, por seres en planos psíquicos o sutiles de la materia o por espíritus en el área terrenal. Esta creencia está simbolizada en el ritual de adoración tradicional hindú, que comienza así:

Primero, el adorado debe tratar de sentir la presencia de Dios en todas partes como la Existencia que todo lo penetra. Luego debe sentir que las puertas de sus sentidos son clausuradas y que él ha entrado en el santuario de su propio corazón donde mora Dios. Debe decir: "así como un hombre con los ojos abiertos ve el cielo ante él, así el sabio ve siempre la suprema verdad de Dios". Tratando de imaginar que él ya ha logrado este poder de visión espiritual, abre ahora sus ojos mientras repite el mantra. Debe mirar a su alrededor tratando de ver la presencia de Dios en todo lo que ve y saber que, por el poder del mantra, los obstáculos creados por los dioses desencarnados serán eliminados.

A continuación, el adorador debe arrojar una cucharada de agua al aire como si se tratara del reino psíquico, invocando el poder protector de Dios para que quite todos los obstáculos psíquicos. Finalmente, debe tomar un poco de arroz entre el pulgar y el índice de su mano derecha y esparcirlo en círculo, diciendo: "Que los espíritus confinados en la tierra y los espíritus que crean obstáculos se disuelvan, por la voluntad del Señor Shiva".

Los espíritus confinados son –según se dice– los espíritus que han cometido suicidio. Están confinados en la tierra por que todavía tienen que agotar el karma que trataron de rechazar mediante ese acto. El adorador está rogando para que ellos puedan liberarse de su presente forma y así poder dirigirse hacia la liberación final. A veces, para propiciarlos, se hace un ofrecimiento de comida a estos espíritus confinados y se les dice que dejen el lugar o que permanezcan y observen el culto sin molestar, desde una distancia prudente.

Es únicamente después de realizar estas ceremonias preliminares que el adorador puede proceder al ritual de adoración, dirigido a su Deidad Elegida.

Hasta cierto punto, la tentación aumenta con el crecimiento espiritual. A medida que el aspirante va dejando de ser un mero principiante y logra alguna experiencia mística, su personalidad se vuelve magnética. Descubre que puede ejercer poderes picológicos sobre otros y también adquiere atracción sexual. Al mismo tiempo, sus propios sentidos se vuelven más agudos y más capacitados para el goce. Por lo tanto, le resulta fácil quedar envuelto en poderes y relaciones sexuales que le harán olvidar su propósito original.

Las mismas personas que se sienten atraídas hacia él a causa de las cualidades casi divinas que observan en su naturaleza, pueden llegar a ser las más responsables de su gradual alejamiento de Dios. Pero, como dice Sri Krishna: "Nadie que busque a Brahman terminará mal". Y así, cuando pueda ocurrir tal desliz, podemos creer que el aspirante espiritual encuentra finalmente su camino de vuelta al sendero y que aquellos que lo tentaron también, en cierta medida, logran beneficio espiritual por su asociación con él.

53. Aplicando samyama a ciertos momentos particulares y en su secuencia en el tiempo, uno logra conocimiento discriminativo.

Por 'momento' debe entenderse una unidad indivisible, el más pequeño instante imaginable. Un momento es considerado por Patanjali como un objeto; pertenece al orden del fenómeno externo, como un perro, un árbol, un diamante. Pero una secuencia de momentos –lo que nosotros llamamos tiempo- no es un objeto; es solamente una estructura creada por nuestras mentes, una idea.

Practicando samyama sobre momentos particulares y sobre su secuencia en el tiempo, el yogui llega a realizar que el universo entero pasa a través del cambio dentro de cada momento. De esto él infiere que la naturaleza del universo es transitoria. Esta comprensión es lo se quiere decir con conocimiento discriminativo. Como la mente del yogui no está sujeta a la ilusión del tiempo, él puede comprender la verdadera naturaleza de sus experiencias. El resto de nosotros que pensamos en términos de secuencias de tiempo estamos constantemente generalizando nuestras sensaciones, de un momento al próximo y luego al siguiente. Decimos: 'estuve triste toda la tarde', cuando en realidad sólo estuvimos tristes a las 2:15, 2:37, 3:01, etc. De esta manera, no solamente nos engañamos a nosotros mismos sino que sufrimos mucho dolor imaginario.

Hay una técnica del Budismo Zen para soportar la tortura mediante la ruptura de la secuencia del tiempo, concentrándose solamente sobre lo que está sucediendo en cada instante del presente inmediato. De esta manera, el sufrimiento puede ser despojado de su continuidad y volverse mucho más tolerable. El sufrimiento está en gran medida compuesto de nuestro recuerdo del pasado dolor y nuestro temor de repetir el dolor en el futuro; este recuerdo y este temor están subordinados a nuestra conciencia de una secuencia de tiempo.

54. De este modo, uno puede distinguir entre dos objetos exactamente iguales, los cuales no pueden ser distinguidos por su especie, rasgos característicos o posición en el espacio.

Supongamos que hemos tomado en nuestras manos dos monedas exactamente iguales, recién acuñadas; mostramos primero una y luego la otra; luego las cambiamos poniendo nuestras manos en la espalda y las mostramos nuevamente. El yogui que ha practicado esta samyama, según Patanjali, puede decir correctamente cuál de las dos monedas fue mostrada primero.

El valor espiritual de este poder de discriminación yace, por supuesto, en la habilidad para distinguir siempre entre Atman y lo no-Atman o apariencia externa, por más ilusoria que la última puede ser.

55. Este conocimiento discriminativo libera al hombre de la ligadura de la ignorancia. Incluye a todos los objetos

simultáneamente, a cada momento de su existencia y en todas sus modificaciones.

El conocimiento común basado en la percepción sensoria es una secuencia. Aprendemos algo acerca de un objeto determinado, luego otro, luego más y más. Pero el yogui que posee conocimiento discriminativo, tiene un conocimiento total e inmediato de los objetos. Si, por ejemplo, él se encuentra con otro ser humano, el yogui conoce de inmediato todas sus pasadas y futuras modificaciones, como un bebé, un joven, un adulto y un anciano. Tal conocimiento es infinito; está dentro de la eternidad, no del tiempo. Libera al hombre de la ligadura de los karmas y de la ignorancia.

56. La perfección se logra cuando la mente se vuelve tan pura como el Atman mismo.

Cuando todas las olas de pensamiento han sido aquietadas, la mente no retiene nada más que conciencia pura, indiferenciada. En este estado, es uno con el Atman. Sri Ramakrishna solía decir: "La mente pura y el Atman son lo mismo".

IV
LIBERACIÓN

1. Los poderes psíquicos pueden ser obtenidos por nacimiento, por medio de drogas, por el poder de ciertas palabras, por la práctica de austeridades o por concentración.

Algunos nacen con poderes psíquicos como resultado de sus luchas en previas vidas y no solamente con poderes psíquicos, sino también con un verdadero genio espiritual. De todos los seres humanos, éstos son los más misteriosos: los santos "naturales", plenos del conocimiento y amor de Dios desde su misma niñez, crecen aparentemente incontaminados por las tentaciones de la vida mundana.

En el Bhagavad Guita Arjuna pregunta: "Supongamos que un hombre tiene fe pero no lucha con la suficiente firmeza; su mente se aleja de la práctica de yoga y fracasa en su intento de alcanzar la perfección, ¿qué será de él, entonces?". Y Sri Krishna responde: "Aunque un hombre se aparte de la práctica de yoga, aun así alcanza el plano de los que hacen buenas acciones y mora allí durante mucho tiempo. Después de eso, renace en un hogar de padres puros y prósperos…Entonces recobrará el discernimiento espiritual que había adquirido en su cuerpo anterior; luchará con más empeño que nunca por la perfección y por sus prácticas en su vida previa será conducido hacia la unión con Brahman a pesar suyo".

Ciertas drogas producen visiones pero éstas son en todos casos psíquicas y no espirituales, como comúnmente se cree. Además, ellas pueden traer como consecuencia una prolongada aridez espiritual, escepticismo y ocasionalmente, un daño permanente al cerebro.

La repetición de palabras sagradas o mantras es, como ya lo hemos dicho, una ayuda inapreciable para el progreso espiritual. Hay algunos mantras especiales que también producen poderes psíquicos.

La práctica de austeridades fortalece enormemente el poder de la voluntad del aspirante. De ello también se pueden obtener poderes psíquicos.

Pero la concentración es el más seguro de todos los medios para obtener los poderes psíquicos. Esto ya ha sido detenidamente discutido en el capítulo anterior.

2. La transformación de una especie en otra es causada por la fuerza de la naturaleza.

3. Los actos buenos o malos no son causas directas de la transformación. Ellos solamente actúan como derribadores de los obstáculos a la evolución natural. Así como un agricultor tira abajo los obstáculos de una corriente de agua, de manera que el agua fluya siguiendo su propia naturaleza.

Aquí Patanjali explica la teoría hindú de la evolución de las especies mediante una ilustración desde la agricultura. El agricultor que irriga su campo desde una represa no tiene que ir en busca de agua. El agua está allí, a su alcance. Todo lo que el agricultor tiene que hacer es abrir una compuerta o derribar un dique y el agua fluye dentro del campo por la fuerza natural de la gravedad.

El 'agua' es la fuerza de evolución que, según Patanjali, cada uno de nosotros lleva dentro, solamente esperando ser liberada de 'la represa'. Mediante nuestras acciones nosotros abrimos las compuerta, el agua corre hacia el campo, lo riega, el campo produce su cosecha y así queda transformado. En otras palabras, el próximo nacimiento queda determinado. "Todo progreso y poder están ya en cada hombre", dice Vivekananda, "La perfección está en la naturaleza de cada hombre, sólo está obstruida y no se le permite tomar su debido curso. Si alguien puede quitar la obstrucción, la naturaleza seguirá su curso impetuosamente".

Prosiguiendo con la imagen de la represa, las malas acciones y la consecuente acumulación de mal karma son como romper el dique en un lugar que no corresponde y así causar una desastrosa corriente que arruinará y desfigurará el campo. Si esto sucede, el agua no debe ser culpada; está en su naturaleza causar el cambio ya sea positivo o negativo. Debe ser correctamente dirigida y por ello el agricultor es el único responsable.

Es bien notable que haya una diferencia radical entre las antiguas teorías de la evolución Hindú y las modernas teorías Occidentales de la evolución. Como dice Vivekananda: "Las dos causas de la evolución promovidas por los modernos, es decir, selección sexual y supervivencia del más apto, son inadecuadas. Supongamos que el conocimiento hubiera avanzado a tal grado como para eliminar la competencia en ambos: de la función de adquirir sustento físico y de la elección del cónyuge. Entonces, de acuerdo con los modernos, el progreso humano se detendría y la raza moriría. Pero Patanjali declara que el verdadero secreto de la evolución está en la manifestación de la perfección que ya está en cada ser; que esta perfección ha sido bloqueada y detrás de ella está la marea infinita luchando para expresarse. Aun cuando toda competencia haya cesado, esta naturaleza perfecta que esta detrás nos hará avanzar hasta que cada uno sea perfecto. Por lo tanto, no hay razón para creer que la competencia sea necesaria para progresar. En el animal el hombre fue suprimido pero tan pronto como la puerta fue abierta, el hombre salió. Así, en el hombre está el bien potencial imposibilitado de salir por las cerraduras y barreras de la ignorancia. Cuando el conocimiento derriba esos obstáculos el bien se manifiesta".

4. Únicamente el sentido de ego puede crear mentes.

5. Si bien las actividades de las distintas mentes creadas son diferentes, la mente original las controla a todas.

Estos dos aforismos se refieren al poder psíquico de crear para uno mismo un número de mentes y cuerpos subsidiarios sobre los cuales la mente original mantiene control. Dado que es el sentido del ego quien crea una mente individual (I. 17), es teóricamente evidente que este sentido del ego puede ser capaz de crear mentes subsidiarias, girando como satélites alrededor de la original. La idea es que el yogui pueda desear tener varias mentes y cuerpos con el fin de extinguir todo su karma más rápidamente.

Pero la sabiduría de este plan resulta un tanto dudosa. Existe aquella historia de un rey que obtuvo para sí muchos cuerpos, con la esperanza de agotar su desenfrenado deseo por el goce sexual. Pero finalmente abandonó su intento declarando: "La lujuria nunca queda satisfecha por la gratificación; por el contrario se enardece más y más como un fuego al que se le hecha manteca derretida".

Patanjali parece admitir esto en el próximo aforismo:

6. De los distintos tipos de mente la que ha sido purificada por samadhi está libre de todas las impresiones latentes del karma y de todos los deseos.

En otras palabras, el karma puede agotarse únicamente por la realización espiritual, nunca por la mera saciedad de la experiencia.

7. El karma del yogui no es blanco ni negro. El karma de otros es de tres clases: blanco, negro o una mezcla de ambos.

El karma de la gente común es: negro (malo), blanco (bueno) o mezclado. Pero cuando el hombre ha alcanzado el samadhi sus actos cesan de producir karmas para él, de cualquier clase que sean (ver I, 18). Sin embargo, dado que el yogui iluminado continúa actuando, *sigue* produciendo karmas y hasta puede ver una mezcla de mal en ellos. ¿Quién absorbe estos karmas? Shankara da una interesante respuesta a este interrogante. Dice que aquellos que aman al yogui iluminado recibirán los buenos efectos del karma del yogui, mientras que los que le odien, recibirán los malos.

Sin embargo, no es éste el caso de un *avatar* o encarnación divina. Un avatar como Krishna, Cristo o Ramakrishna, es una verdadera encarnación de la Divinidad. Él entra en el mundo fenomenal por un acto de gracia y por su libre voluntad divina y nunca se ve forzado a hacerlo a causa de los karmas de nacimientos previos. Él viene al mundo sin karmas y sus actos en este mundo no producen karma alguno. Por lo tanto, los efectos de sus karmas sean bueno o malos no pueden ser recibidos por otros. En la literatura de la religión hindú, hay muchas historias de hombres que odiaron a Dios o a un avatar.

Kamsa trató de asesinar al infante Krishna, de la misma manera que Herodes trató de matar al niño Jesús. Shishupal peleó con Krishna; Rávana luchó contra Rama, y en todos los casos estos hombres alcanzaron la liberación. Esto puede parecerle extraño a un Cristiano, pero lo que se quiere significar aquí es el valor espiritual de un sentimiento intenso. No hay nada mejor que amar a un avatar, pero antes que sentir indiferencia por él es mejor odiarlo apasionadamente. La indiferencia, como siempre, es el peor pecado. Rayas es espiritualmente más elevado que tamas. Por medio de rayas podemos lograr sattwa; por medio del odio podemos encontrar el amor. Los antiguos hindúes, por lo tanto, habrían estado en desacuerdo con el Dante cuando colocó a Judas Iscariote en el círculo más bajo del infierno.

8. De las tendencias producidas por estas tres clases de karma, sólo se manifiestan aquellas para las cuales las condiciones son favorables.

En cada encarnación particular, la condición de un hombre está determinada por el equilibrio de sus karmas. Supongamos que ese equilibrio es sumamente favorable y él ha vuelto a nacer para ser un monje y un maestro espiritual. Él todavía tendrá algunos malos karmas los cuales bajo condiciones menos favorables, producirán malas tendencias. Pero, como él tiene que vivir conforme a su vocación y dejar un buen ejemplo para sus discípulos, esas tendencias serán mantenidas en suspenso y sólo sus buenas tendencias llegarán a manifestarse.

Por lo tanto, este aforismo pone énfasis en la gran importancia del medio ambiente apropiado y de la asociación con quienes se interesan por la vida espiritual. Si uno nace como perro aun así puede tener buenas tendencias, pero estas quedarán en gran parte restringidas por su condición canina y tendrá que actuar de acuerdo con su naturaleza animal.

LIBERACIÓN

9. A causa de nuestra memoria de las pasadas tendencias, la cadena de causa y efecto no se quiebra por el cambio de especie, espacio o tiempo.

Por 'memoria' Patanjali no se refiere al recuerdo consciente, sino a la coordinación inconsciente de las impresiones recibidas en las vidas pasadas con las acciones y pensamientos de nuestra vida presente. Karma –la cadena de causa y efecto– es absolutamente ininterrumpida. Si en el curso de muchas encarnaciones cambiamos nuestra especie, evolucionando del animal o del hombre a algún tipo de ser no humano, nuestro karma aun continuará funcionando. Sin embargo, como se ha observado en el aforismo anterior, aquellas tendencias apropiadas para nuestra especie y condición se manifestarán solamente en una de las vidas; el resto quedará en suspenso hasta que reencarnemos en otras especies y condiciones apropiadas para ellas.

10. Dado que el deseo de existir ha estado siempre presente, nuestras tendencias no pueden haber tenido comienzo alguno.

Como ya sabemos, la filosofía hindú considera la creación y la disolución como un proceso sin principio y sin fin. El karma ha funcionado siempre, creando tendencias; no hubo un acto primario. Solamente como individuos podemos liberarnos del karma mediante el olvido del deseo de existir en el nivel fenomenal y realizando al Atman, nuestra eterna naturaleza.

Supongamos que cada individuo en el universo alcanzara la liberación, ¿dejaría el universo de existir? Estando todavía dentro del tiempo, ninguno de nosotros puede responder a tal pregunta. En realidad, tampoco la pregunta puede ser debidamente formulada, porque el universo fenomenal es una perpetua transición de 'era' a 'será'; mientras que el Atman es eternamente 'ahora'. Y si bien la mente humana limitada en el tiempo puede hacer esta declaración, posiblemente no pueda comprender lo que realmente significa.

11. Nuestras tendencias subconscientes dependen de causa y efecto. Ellas tienen su base en la mente y son estimuladas por los objetos sensorios. Si todos estos son quitados, las tendencias quedan destruidas.

El karma puede funcionar y producir tendencias siempre que estén presentes ciertas causas. Estas causas son (II. 3): ignorancia, egoísmo, apego, aversión y el deseo de aferrarse a la vida. Los efectos de estas causas son: renacimiento, una larga o corta vida y las experiencias de placer y dolor.

Básicamente, el karma tiene sus raíces en la ignorancia de Atman. Eliminada esta ignorancia, el karma queda destruido.

Dice el Swetaswatara Upanishad: "Este vasto universo es una rueda; sobre ella están todas las criaturas sujetas a nacimiento, muerte y renacimiento. Esta rueda gira y gira y nunca se detiene; es la rueda de Brahman. Mientras el ser individual piensa que está separado de Brahman, gira sobre la rueda... Pero cuando por la gracia de Brahman realiza su identidad con él, ya no gira más; sino que logra la inmortalidad.

12. Hay una forma y expresión que llamamos 'pasado' y una forma y expresión que llamamos 'futuro'; ambas existen dentro del objeto por siempre. Forma y expresión varían de acuerdo al tiempo pasado, presente y futuro.

13. Ellas son manifestadas o sutiles, de acuerdo con la naturaleza de los gunas.

LIBERACIÓN 167

14. Debido a que los gunas trabajan juntos dentro de cada cambio de forma y expresión, es que hay unidad en todas las cosas.

El *Guita* enseña: "Aquello que es 'no existente' nunca puede llegar a ser y aquello que 'es' nunca puede dejar de ser". Las formas y expresiones de un objeto pueden cambiar, pero todos estos cambios de forma y expresión han existido y continuarán existiendo, potencialmente, dentro del objeto. El pasado y el futuro existen dentro del objeto en una forma sutil, sin manifestarse. Sin embargo, allí están, Nada se pierde en el universo.

Todos los objetos se componen de los gunas. Los gunas pueden proyectar una manifestación sutil, no evidente para los sentidos. Además, pueden alterar su interrelación, como por ejemplo: rayas se vuelve dominante en lugar de sattwa, en cuyo caso la forma del objeto puede cambiar totalmente. Pero, debido a que los tres gunas jamás dejan de estar presentes en una u otra combinación, el objeto retiene una unidad esencial aun en la diversidad de sus formas y expresiones.

De ello vemos que la misma mente existe esencialmente a lo largo de muchos renacimientos del individuo. Es solamente el juego de los gunas lo que hace que la mente altere su forma y expresión en distintas encarnaciones, ora predominantemente mala, ora predominantemente buena. En la mente de un buen hombre las impresiones pasadas del mal todavía existen en forma sutil y las futuras impresiones, cualesquiera que éstas sean, también existen.

Entonces, ¿cómo es posible la liberación? Patanjali ya ha respondido a este interrogante varias veces y ha reafirmado su respuesta en el aforismo 11 de este capítulo. Nuestras tendencias subconscientes –dice él– tienen su base en la mente. Por lo tanto, un hombre debe cesar de identificarse con la mente con el fin de lograr la liberación. Cuando llega a saber, más allá de toda duda, que él es Atman y no la mente, se libera de su karma.

La mente de un alma liberada, con todas sus impresiones pasadas, presentes y futuras, ha dejado de existir como un objeto fenomenal, pero no se ha perdido; ha involucionado en la materia indiferenciada, Prakriti. Un dicho hindú dice que el conocimiento de un alma iluminada convierte el presente y el futuro en pasado.

15. El mismo objeto es percibido de diferentes maneras por diferentes mentes. Por lo tanto, la mente debe ser distinta del objeto.

16. No se puede decir que el objeto dependa de la percepción de una sola mente. Porque, si tal fuera el caso, podría decirse que el objeto es no-existente cuando aquella sola mente no lo percibe.

En estos dos aforismos Patanjali refuta la filosofía del idealismo subjetivo. Siguiendo la filosofía Samkya, él admite la realidad de un mundo objetivo, el cual es independiente de nuestra percepción mental. Además, señala que las percepciones varían de un individuo a otro. Los comentadores dan el ejemplo de una joven y hermosa mujer casada. Ella brinda felicidad a su esposo; causa envidia a las mujeres por su belleza; despierta lujuria en el lujurioso y es considerada con indiferencia por el hombre de autocontrol. ¿Cuál de todos estos observadores la conocen como ella realmente es? Ninguno de ellos. El objeto-en-sí-mismo no puede ser conocido por la percepción sensoria. (I. 43)

LIBERACIÓN

17. Un objeto es conocido o desconocido, dependiendo de los estados de la mente.

18. Dado que Atman, el Señor de la mente, es inmutable, las fluctuaciones de la mente le son siempre conocidas.

19. La mente no es auto-luminosa ya que es un objeto de percepción.

20. Y que no puede percibir al sujeto y al objeto simultáneamente.

Como hemos visto al comienzo de este libro (I. 2) la mente no es quien ve, sino el instrumento del Atman, el cual es eternamente consciente. La mente es consciente de los objetos sólo en forma esporádica y sus percepciones de los mismos varían de acuerdo con sus propias fluctuaciones. La mente está cambiando todo el tiempo y así también el objeto de percepción. Sólo el Atman permaneciendo inmutable, provee una regla fija por la cual toda percepción puede ser medida.

Vivekananda da el ejemplo de un tren en movimiento con un vagón corriendo en paralelo. "Es posible percibir el movimiento de ambos hasta cierto punto; aún es necesario algo más, porque el movimiento se percibe únicamente donde hay algo más que permanece fijo... Debemos completar la serie mediante el conocimiento de algo que nunca cambia".

La mente es un objeto de percepción en la misma medida que lo es cualquier objeto que ella percibe en el mundo exterior. La mente no es auto-luminosa, es decir, no es dadora de luz como el sol, sino una luz reflejada, como la luna. El dador de luz es Atman y la mente solamente brilla y percibe por la luz reflejada de Atman.

Si la mente fuera auto-luminosa sería capaz de percibir a ambos: a sí misma y a un objeto externo simultáneamente; pero ella no puede hacerlo. Mientras está percibiendo un objeto externo no puede reflejarse sobre sí misma y viceversa.

21. Si uno propusiera una segunda mente para percibir la primera, tendría que proponer un infinito número de mentes; y esto causaría confusión a la memoria.

Si un filósofo –con el fin de evitar reconocer la existencia del Atman– sugiriera que la mente es en realidad dos mentes: un conocedor y un objeto de conocimiento, entonces se encontraría en dificultades. Porque si la mente A es conocida por la mente B, entonces uno debe proponer una mente C como conocedora de B, una mente D como conocedora de C, y así por el estilo. Habría un infinito movimiento regresivo como en un cuarto con paredes de espejos. Además, dado que cada una de estas mentes tendría una memoria individual, la función de recordar se reduciría a una total confusión.

22. La conciencia de Atman es inmutable. Tan pronto como el reflejo de su conciencia cae sobre la mente, ésta toma la forma de Atman y aparece como siendo consciente.

23. La mente es capaz de percibir porque ella refleja a ambos: a Atman y a los objetos de percepción.

La mente está situada a mitad de camino, por así decirlo, entre Atman y el objeto externo. Su poder para percibir el objeto es prestado por Atman. En un cuarto completamente oscuro, un espejo no puede reflejar al hombre que está parado ante él. Pero cuando se enciende una luz, el espejo inmediatamente 'percibe' al hombre.

Similarmente, el alma individual es conocida en la filosofía hindú como 'la reflejada' o 'la sombra de Atman'; no tiene existencia separada: es solamente el reflejo de Atman sobre la mente lo que da surgimiento al sentido de ego.

24. A pesar de que la mente tiene innumerables impresiones y deseos, actúa sólo para servir a otro: Atman; porque siendo la mente una sustancia compuesta, no puede actuar independientemente y por su propia cuenta.

Cada combinación de individuos o fuerzas en este mundo tiene que tener un propósito para su acción o existencia; de otra manera sería simplemente una colección de objetos sin sentido y sin función, reunidos al azar. Y este propósito debe exteriorizarse. Un congreso o parlamento no sería más que una colección de individuos ruidosos en un salón, si el mismo no tuviera el propósito de legislar para una comunidad. Una casa no es nada más que una pila de materiales hasta que el propietario la habita y disfruta de ella. Así sucede con la mente, ese bullicioso parlamento de conflictivos intereses y deseos, es un manicomio hasta el momento en que es 'llamada al orden'. Sólo puede servir a un propósito mediante la externa voluntad de Atman.

25. El hombre de discernimiento deja de considerar a la mente como Atman.

26. Cuando la mente se inclina hacia la práctica de discernimiento se mueve hacia la liberación.

27. Las distracciones debidas a las pasadas impresiones

pueden surgir si la mente mengua su discernimiento, aunque sea un poco.

28. Ellas deben ser vencidas de la misma manera que los obstáculos para la iluminación.

Es decir, mediante la meditación y haciendo regresar a la mente a su causa primaria (alcanzando samadhi), como está explicado en el capítulo II, en los aforismos 10 y 11.

Sri Ramakrishna decía que uno necesita abanicarse continuamente en días calurosos, pero que esto se vuelve innecesario cuando sopla brisa fresca. Cuando un hombre alcanza la iluminación, la brisa de la gracia es sentida constantemente y el acto de abanicarse (la constante práctica de discernimiento) ya no es necesario.

29. Aquel que permanece sin distraerse aun cuando posee todos los poderes psíquicos, logra como resultado del perfecto discernimiento, aquel samadhi llamado 'la nube de la virtud'.

30. Entonces se produce la cesación de la ignorancia, causa del sufrimiento, y la liberación del poder de karma.

Cuando un yogui no puede ser desviado del sendero de discernimiento aun cuando tenga que enfrentar terribles tentaciones que surgen de la posesión de los poderes psíquicos, entonces se dice que el conocimiento se derrama sobre él como lluvia; una 'nube de virtud' derramando liberación y la bienaventuranza de Dios.

31. Luego el universo entero, con todos sus objetos

del conocimiento sensorio se vuelve como la nada en comparación con aquel infinito conocimiento que está libre de todas las obstrucciones e impurezas.

Para el hombre con conciencia sensoria común, el universo se le aparece lleno de secretos. Le parece que hay infinidad de cosas para ser descubiertas y conocidas. Cada objeto es una invitación al estudio; él se siente como abrumado por el sentimiento de su propia ignorancia.

En cambio, para el yogui iluminado, el universo no le aparece misterioso en absoluto. Se dice que si uno conoce la arcilla, conoce la naturaleza de todo lo que está hecho de arcilla. Así, si uno conoce al Atman, conoce la naturaleza de todas las cosas en el universo. Entonces las minuciosas investigaciones de la ciencia aparecen como esfuerzos de un niño para vaciar el océano con una cuchara.

32. Entonces la secuencia de los cambios de los gunas llega a su fin porque ellos han cumplido con su propósito.

33. Esta es la secuencia de las transformaciones que tienen lugar a cada momento, pero que son solamente percibidas al final de una serie.

Los gunas, como se ha dicho (II, 18), forman este universo con el fin de que el experimentador pueda experimentarlo y así volverse libre. Cuando se logra la liberación, los gunas dan por finalizada su misión.

El tiempo es una secuencia de momentos y por lo tanto, una secuencia de cambios de los gunas que se producen a cada momento. Nosotros nos hacemos conscientes de estos momentos, cambios a intervalos, cuando toda una serie de ellos se han convertido en una transformación suficientemente notable como para ser evidente para nuestros sentidos.

Por ejemplo, nosotros no somos conscientes de instante en instante, de un pimpollo abriéndose, pero al final del proceso, que puede durar varias horas, reconocemos la transformación. La misma cosa sucede al final de una serie de impresiones y pensamientos conducentes a una decisión o a una idea.

Pero el tiempo carece de realidad para el alma iluminada. No hay secuencia en su tablero mental. El controla al tiempo por así decirlo y conoce el pasado, el presente y el futuro como un destello en el eterno ahora (III. 53).

34. Dado que los gunas ya no tienen ningún propósito de servir al Atman, ellos mismos se desvanecen en Prakriti. Esto es liberación.

El Atman resplandece en su propia prístina naturaleza, como pura conciencia.

Que Swami Vivekananda nos diga la última palabra:

"La tarea de la Naturaleza (de Prakriti) ha sido cumplida, esta desinteresada tarea que nuestra fecunda nodriza, la Naturaleza, se ha impuesto a sí misma. Ahora, Ella, con toda suavidad, toma de la mano al alma olvidada de sí misma y le muestra todas las experiencias en el universo, todas las manifestaciones, llevándola cada vez más alto a través de diferentes cuerpos, hasta que su perdida gloria regrese al alma y le recuerde su propia naturaleza.

Luego, la amorosa Madre regresa por el mismo camino, para guiar a otros que también han perdido su sendero en el desierto sin huellas de la vida. Así, Ella sigue trabajando, sin comienzo y sin fin. Y, a través del placer y del dolor, a través del bien y del mal, el infinito río de las almas fluye hacia el océano de la perfección, de la auto-realización".

www.ingramcontent.com/pod-product-compliance
Lightning Source LLC
Chambersburg PA
CBHW071504040426
42444CB00008B/1482